UNIVERSALE SANSONI
Guide e Dizionari

Livio Hofmann Cortesi – Bona Schmid

I SEGRETI DELL'INGLESE

**Bidizionario
di falsi sinonimi e vere equivalenze
tra italiano e inglese**

VOLUME 2

Sansoni Editore

indifferent [in'difərənt], *agg.* ① indifferente; che mostra scarso interesse; apatico: *she seems to be indifferent to the problems of her family*, sembra mostrare scarso interesse ai problemi della sua famiglia. ② mediocre; scadente; di modesta qualità: *he draws well, but he is an indifferent painter*, disegna bene, ma come pittore è mediocre. ③ neutrale: *to remain indifferent in a dispute*, restare neutrale in una discussione.

indignity [in'digniti], *s.* insulto, affronto, offesa, umiliazione: *in jail he was forced to suffer one indignity after another*, in galera fu costretto a subire un'umiliazione dopo l'altra. NON SIGNIFICA → *indegnità*.

indiscretion [ˌindis'kreʃən], *s.* ① mancanza di riservatezza: mancanza di tatto; indelicatezza; indiscrezione: *I warned her against indiscretions in her conversation*, l'ho messa in guardia perché conversando mantenesse la dovuta riservatezza. ② azione avventata; imprudenza: *he destroyed his career by an indiscretion*, ha rovinato la sua carriera con un'imprudenza. ③ (*lett.*) scappatella; azione trasgressiva (comportamento che esula dal normale codice di comportamento morale) // **indiscreet** [ˌindis'kri:t], *agg.* ① incauto, imprudente, avventato: *indiscreet behavio(u)r*, un comportamento imprudente (o incauto). ② indelicato, privo di tatto, indiscreto: *indiscreet comment*, un commento indelicato.

indifferente, *agg.* ① (*insensibile*) indifferent (to); uninterested (in): *è indifferente alla musica*, he is indifferent to music. ② (*che non interessa*) unimportant, of no importance: *quella ragazza mi è indifferente*, that girl is of no importance to me (*o* she doesn't mean anything to me). ♦ *non indifferente*, appreciable, considerable: *ultimamente i prezzi hanno avuto un aumento non indifferente*, lately prices have had an appreciable increase; *fare l'indifferente*, to pretend not to care (*o* to be indifferent); *le tue osservazioni mi lasciano indifferente*, your remarks leave me cold; *per me è indifferente*, it's all the same (to me) (*o* it's all one to me) // **indifferentemente**, *avv.* without distinction, equally; both: *parla indifferentemente italiano e inglese*, he speaks both Italian and English.

indegnità, *s.* ① unworthiness. ② (*azione indegna*) base action; unworthy deed.

indiscrezione, *s.* ① (*l'essere inquisitivo*) inquisitiveness, (*fam.*) nosiness; intrusiveness; (*raro*) indiscretion: *la sua indiscrezione è ben nota*, her inquisitiveness is notorious. ② (*fuga di notizie*) leak (of information) // **indiscreto**, *agg.* ① (*privo di tatto*) tactless, inquisitive; indiscreet: *persona indiscreta*, inquisitive person. ② (*invadente*) intrusive; pushing. ♦ *sguardo indiscreto*, prying eyes.

indiscrete [ˌindisˈkriːt], *agg.* compatto, omogeneo. NON SIGNIFICA → *indiscreto*.

indulgence [inˈdʌldʒəns], *s.* ① cosa a cui si indulge; debolezza; (*fam.*) vizietto: *drinking a small glass of port before dinner was his one indulgence*, bere un bicchierino di porto prima di cena era il suo unico vizietto. ② piacere, capriccio: *a season ticket at the opera is an expensive indulgence*, l'abbonamento all'opera è un capriccio costoso. ③ tolleranza; comprensione; indulgenza: *he had much indulgence for the foibles of man*, era molto tollerante nei confronti delle debolezze umane. ④ privilegio; favore; concessione: *this is just an indulgence*, questo è solo un favore. ⑤ (*comm.*) dilazione: *we'll grant you an indulgence of ten days to pay the debt*, le concederemo una dilazione di 10 giorni per pagare il debito. ⑥ (*teol.*) indulgenza. ⑦ (*st. inglese*) concessione della libertà religiosa (largita da Carlo II e Giacomo II ai protestanti dissidenti e ai cattolici). ♦ *over-indulgence*, l'eccedere: *over-indulgence in food*, il mangiar troppo; *self-indulgence*, indulgenza verso se stesso; l'indulgere ai piaceri.

inebriate [iˈniːbrieit], *agg.* ① (*lett.*) dedito all'alcool, alcolizzato. ② (*estens.*) inebriato, reso ebbro: *inebriate with enthusiasm*, l'entusiasmo gli aveva dato alla testa // *s.* alcolista, etilista: *an asylum for inebriates*, un ricovero per etilisti. «Inebriato», participio passato, in italiano non ha valore aggettivale.

inept [iˈnept], *agg.* ① inopportuno, goffo, assurdo; fuori luogo: *an inept remark*, un'osservazione fuori luogo; *an inept comparison*, un confronto assurdo. ② (*di persona*) maldestro; inetto; che non conosce il suo mestiere: *an inept carpenter*, un falegname che non conosce il suo mestiere.

indulgenza, *s.* ① leniency, indulgence; forbearance. ② (*teol.*) indulgence.

inetto, *agg.* ① (*privo di capacità nel fare qc.*) unskilled (in); unsuited (for, to); inept: *è inetto al comando*, he is unsuited to command. ② (*che svolge male il proprio lavoro*) unskilful; (*meno usato*) inept: *un medico inetto*, an unskilful doctor // *s.* inadequate person; a person unfit to cope with the exigencies of life; (*molto spreg.*) good-for-nothing.

infectious [in'fekʃəs], *agg.* ①
(*med.*) infettivo; contagioso; virale:
infectious hepatitis, epatite virale. ②
(*estens.*) comunicativo; contagioso;
che si trasmette facilmente: *an infectious chuckle*, una risata conta-
giosa; *the Florentine accent is very
infectious*, l'accento fiorentino è
contagioso.

infirm [in'fə:m], *agg.* ① malfermo,
debole (per l'età); decrepito. ② (*fig.*)
vacillante, indeciso, incerto: *infirm
judgement*, un giudizio insicuro
(espresso con incertezza). NON SI-
GNIFICA → *infermo*.

influence ['influəns], *s.* ① influenza, influsso, ascendente: *he has a
vicious influence on his family*, eser-
cita un'influenza nefasta sulla sua
famiglia; *he used his influence to get
his friend a job*, si è servito della sua
influenza per trovare lavoro al suo
amico; *he can exert his influence
over the whole company*, è in grado
di esercitare il suo ascendente (*o* autorità) sull'intera azienda. ②
(*estens.*) appoggi: *he owes his position to political influence*, deve la
sua posizione ad appoggi politici. ③
persona influente: *he's an influence
for good in the club*, ha una buona influenza al circolo. ♦ *under the influence*, (*eufemismo*) alticcio: *he was
charged of driving under the influence*, è stato accusato di guidare in
stato di ubriachezza.

influent ['influənt], *agg.* e *s.* (*geog.*) af-
fluente. NON SIGNIFICA → *influente*.

influx ['inflʌks], *s.* ① affluenza, afflusso: *we had an influx of customers
the other day*, l'altro giorno abbiamo
avuto un'affluenza continua di clienti; *there was a sudden influx of goods
onto the market*, si è verificato un
grande afflusso di merci sul mercato;
*this year there has been a large unex-
pected influx of tourists*, quest'anno
abbiamo avuto un imprevisto afflusso di turisti. ② (*geog.*) foce; confluen-
za. NON SIGNIFICA → *influsso*.

infettivo, *agg.* infectious; (*fam.*)
catching.

infermo, *agg.* invalid (*attr.*); ill
(*pred.*): *diventare infermo*, to become
an invalid. ♦ *essere infermo alle gambe*, to be crippled; *essere infermo a letto*, to be confined to bed; *infermo di
mente*, weak-minded // *s.* invalid.

influenza, *s.* ① influence (anche
estens.): *essere sotto l'influenza di
qc.*, to be under the influence of
s.th.; *sfera d'influenza*, sphere of influence. ② (*med.*) influenza; (*fam.*)
flu. ♦ *avere molta influenza*, to be influential.

influente, *agg.* influential: *persona influente*, influential person.

influsso, *s.* influence.

informer [in'fɔ:mə*], s. informatore, delatore (chi fornisce informazioni alla polizia).

informatore, s. ① informant. ② (*delatore*) informer.

ingenuity [,indʒinju:iti], s. ingegnosità, abilità, inventiva: *with a bit of ingenuity you can do almost the impossible*, con un briciolo di inventiva si può fare quasi l'impossibile. NON SIGNIFICA → *ingenuità*.

ingenuità, s. ① naïvety, naïveté; ingenuousness; artlessness: *la sua ingenuità è disarmante*, his artlessness is disarming. ② (*parole, atti ingenui*) naive (*o* ingenuous) things.

ingrained [in'greind], *agg.* ① radicato, innato: *ingrained prejudices*, pregiudizi innati (radicati); *ingrained habits*, abitudini innate. ② (*di persona*) incallito; inveterato: *an ingrained gambler*, un inveterato giocatore d'azzardo. ③ completo, totale; fatto e finito: *an ingrained cad*, un cafone fatto e finito. NON SIGNIFICA → *ingranato*.

ingranato, *part.pass.* di ingranare, *v.i.* (*mecc.*) to mesh, to engage // *v.t.* to interlock, to engage: *ingranare la terza*, to engage the third gear. ♦ *non lasciare la marcia ingranata*, don't leave the car in gear; (*fam.*) *ha ingranato bene*, he made a good start.

innocence ['inəsəns], s. ① ingenuità, candore. ② innocenza. Il famoso romanzo di G.K. Chesterton *The Innocence of Father Brown* (1911) dal quale sono stati tratti adattamenti cinematografici e serials televisivi di grande successo è stato tradotto in italiano *L'innocenza di Padre Brown*. L'amabile e sagace sacerdote non deve certo provare la sua "innocenza" ma, con il suo disarmante "candore", riesce a dare del filo da torcere ad incalliti criminali.

innocenza, s. innocence.

inquest ['in,kwest], s. inchiesta giudiziaria (per appurare le cause di una morte sospetta).

inchiesta, s. ① (*dir.*) inquiry (into), investigation (of *o* into); (*in caso di morte sospetta*) inquest; (*da parte di un'apposita commissione per sospetta corruzione*) probe (into). ② (*sondaggio di opinione*) poll. ③ (*giorn.*) report. ♦ *una commissione d'inchiesta*, a committee (*o* court) of inquiry.

insensible [in'sensəbl], *agg.* ① insensibile; privo di sensi: *insensible to the cold*, insensibile al freddo: *he lay insensible where he had fallen*, giaceva privo di sensi nel punto in cui era caduto. ② insensibile; indifferente; ignaro, inconsapevole: *I am not insensible of your concern*, non sono indifferente al tuo interesse (nei miei riguardi); *insensible of danger*, ignaro del pericolo. ③ impercettibile, non rilevante: *an insensible change*, un cambiamento irrilevante; *by insensible degrees*, in modo quasi impercettibile.

insensibile, *agg.* ① insensible (to); insensitive. ② (*indifferente*) indifferent; unmoved by; (*raro*) insensible; (*privo di sentimenti*) unfeeling: *una persona insensibile*, an unfeeling person. ♦ *mani insensibili per il freddo*, hands numb with cold.

instruction [in'strʌkʃən], *s.* ① insegnamento, addestramento: *I am still receiving instruction on how to use a P.C.*, non sono ancora addestrato ad usare un personal computer. ② (*pl.*) istruzioni (per l'uso); indicazioni; norme; direttive: *I must carry out the instructions my boss gave me*, devo seguire le direttive che mi ha dato il mio capo; *read the instructions before using the Xcopy machine*, leggi le istruzioni prima di usare la fotocopiatrice. ③ (*informatica*) istruzione.

istruzione, *s.* ① (*cultura*) education: *istruzione obbligatoria*, compulsory education. ② (*addestramento*) instruction; training: *istruzione professionale*, vocational training. ③ (*pl.*) (*indicazioni*) instructions; directions: *attenersi alle istruzioni*, to follow instructions. ④ (*dir.*) preliminary investigation. ⑤ (*informatica*) instruction: *istruzione di scelta logica*, discrimination instruction. ♦ *Ministero della Pubblica Istruzione*, Ministry (o USA: Department) of Education; *libretto delle istruzioni*, operator's (o instruction) handbook; *istruzione elementare*, primary education.

intangible [in'tændʒəbl], *agg.* ① impercettibile; difficilmente definibile; immateriale: *a vast and intangible subject*, un argomento vasto e difficilmente definibile. ② (*estens.*) vago, impreciso: *an intangible premonition of disaster*, una premonizione vaga e indistinta di disastro incombente // *s.* (*pl.*) (*econ.*) *intangibles*, beni immateriali. ♦ *intangible assets*, attività immateriali; *intangible personal property*, beni personali immateriali; *intangible value*, valore immateriale. NON SIGNIFICA → *intangibile*.

intangibile, *agg.* ① (*di beni*) untouchable; (*vincolato*) tied up. ② (*di diritti*) inviolable.

integral ['intigrəl], *agg.* ① integrante; che costituisce una parte integrante (di un tutto): *the way she dresses is an integral part of her appeal*, il suo modo di vestire è una parte integrante del suo fascino femminile. ② integro, intero, totale, perfetto: *integral religious living is now declining*, una totale religiosità di vita è ora in declino. ③ (*mat.*) integrale: *integral calculus*, calcolo integrale.

intelligence [in'telidʒəns], *s.* ① intelligenza; acutezza; perspicacia: *she was given an intelligence test*, è stata sottoposta a un test di intelligenza. ② (*estens.*) intesa: *intelligence with the enemy*, intesa con il nemico. ③ informazioni (*pl.*); notizie (*pl.*): *we had intelligence of the enemy's plans*, abbiamo avuto informazioni sui piani del nemico. ♦ *intelligence quotient (I.Q.)*, quoziente di intelligenza; *Intelligence Office* (USA), Ufficio Collocamento (per collaboratori domestici); *Intelligence Service*, Servizio Informazioni; (GB) Servizi Segreti.

intensive [in'tensiv], *agg.* ① intenso: *intensive work*, lavoro intenso. ② intensivo (accezione di rimbalzo dall'inglese *intensive*): *she had an intensive care in hospital*, è stata sottoposta a una terapia intensiva in ospedale; *he made an intensive study of English in Oxford last year*, l'anno scorso ha fatto uno studio intensivo di inglese a Oxford; *intensive agriculture*, agricoltura intensiva. ③ (*gramm.*) rafforzativo.

intense [in'tens], *agg.* ① intenso; forte; grande; violento: *intense cold*, freddo intenso; *intense light*, luce intensa; *intense study*, studio intenso; *intense storm*, tempesta violenta; *he listened with intense attention*, ascoltò con la massima attenzione. ② sensibile, emotivo, appassionato; profondamente coinvolto: *he is intense in everything he does*, si impegna al massimo in tutto quello che fa.

integrale, *agg.* ① complete, total; (*raro*) integral. ② (*mat.*) integral. ♦ *pane integrale*, wholemeal (*o* wholewheat) bread; *edizione integrale*, unabridged edition; *zucchero integrale*, brown sugar; *abbronzatura integrale*, all-over tan // *s.* (*mat.*) integral.

intelligenza, *s.* ① intelligence; (*capacità di comprendere*) understanding; (*vivacità d'ingegno*) cleverness. ② (*intesa*) intelligence.

intenso, *agg.* ① intense, strong, violent: *sguardo intenso*, intense (*o* searching) look. ② (*di colori*) deep.

intent [in'tent], *agg.* ① intento; dedito; concentrato: *intent on his studies*, dedito ai suoi studi; *intent faces*, visi attenti e concentrati. ② deciso; determinato: *they were intent on going away*, erano decisi ad andarsene // *s.* intento, scopo. ♦ *to all intents and purposes*, praticamente.

intento, *agg.* intent; absorbed in; (*occupato*) busy: *era intento ad ascoltare la musica*, he was absorbed in listening to music; *quando entrai nella sua stanza era intento a scrivere*, when I entered his room he was busy writing // *s.* ① (*scopo*) aim, object, purpose: *raggiungere il proprio intento*, to achieve one's object. ② (*intenzione*) intent, intention: *con l'intento di*, with the intention of.

[Diamo qui di seguito una famiglia di vocaboli inglesi che, a livello fraseologico, si discostano dagli omologhi italiani, come *interno*, *interiore* e derivati, pur avendo tutti in comune la radice "in"].

inner ['inə*], *agg.* ① interno, interiore (anche *estens.*): *inner room*, stanza interna; *inner action*, azione interna; *inner battle*, battaglia interiore (o dello spirito). ② (*fig.*) intimo, segreto; recondito; ristretto; riservato: *inner meaning of a poem*, il significato recondito di una poesia; *the inner circles of Government*, nei circoli più ristretti del Governo. ♦ *inner tube*, camera d'aria; *inner city*, il centro (storico) di una città // *s.* anello in prossimità del centro del bersaglio; colpo che raggiunge tale anello. → *interno*, *interiore*.

interno, *agg.* ① internal; interior (*attr.*); inner (*attr.*); inside (*attr.*): *porta interna*, inner door; *secrezione interna*, internal secretion. ② (*nazionale*) internal, home (*attr.*), domestic: *il mercato interno*, internal (o home) market; *voli interni*, domestic flights. ③ (*fig.*) inner, inward: *dolore interno*, inner sorrow. ④ (*geog.*) inland; interior: *mare interno*, inland sea. ♦ *alunno interno*, boarder; (USA) *medico interno*, intern // *s.* ① inside, interior; (*geog.*) inland: *l'interno di una casa*, the interior of a house. ② (*fodera*) lining: *un interno di pelliccia*, a fur lining. ③ (*di un grande caseggiato*) flat (number); apartment (number). ④ (*telefono*) extension (number). ⑤ (*pittura*) interior: *un pittore d'interni*, a painter of interiors. ⑥ (*cine., TV*) interior (shot); indoor (o studio) shot. ♦ *all'interno di*, on the inside of, inside; *Ministero degli Interni*, (*generico*) Ministry of the Interior; (GB) Home Office; (USA) Department of the Interior; *più interno*, innermost.

innermost ['inəmoust], **inmost** ['inmoust], *agg.* ① intimo, più recondito, più segreto: *innermost feelings*, i sentimenti più intimi. ② situato nella parte più interna: *the innermost council of a party*, l'organo centrale di un partito. → *interno*, *interiore*.

interiore, *agg.* ① inner (*attr.*): *vita interiore*, inner life; *lotta interiore*, inner struggle. ② (*interno*) inside (*attr.*); internal; inner (*attr.*): *cortile interno*, inner courtyard // ***interiora***, *s.pl.* insides.

inside ['in'said], *agg.* ① interno, interiore: *the inside pocket of a jacket,* la tasca interna di una giacca; *inside lane,* corsia interna (di autostrada). ② segreto, confidenziale, riservato: *inside information,* informazioni riservate // *s.* ① parte interna; interno; lato interno: *the door opens on the inside,* la porta si apre verso l'interno. ② (*pl.*) (*fam.*) interiora // *prep.* ① (*di luogo*) in, dentro: *inside the room,* nella stanza. ② (*di tempo*) entro: *inside a month,* entro un mese // *avv.* ① dentro; al coperto; in casa. ② (*fam.*) dentro (in galera). → *interno, interiore.*

interior [in'ti:riə], *agg.* ① interno; interiore: *an interior room without windows,* una stanza interna senza finestre; *an interior command,* un'esigenza interiore; (*geom.*) *interior angle,* angolo interno; *interior shots of a film,* scene di interni in un film. ② interno; dell'entroterra: *interior communications,* comunicazioni interne (o dell'entroterra) // *s.* interno, parte interna: *an expedition to the interior of the country,* una spedizione nella parte interna del paese. ♦ *the Minister of the Interior,* il Ministro degli Interni; *interior decorator,* arredatore. → *interiore, interno.*

internal [in'tə:nl], *agg.* ① interno; interiore: *internal parts of the body,* le parti interne del corpo; *internal commerce,* commercio interno; *internal and international tensions,* tensioni interne e internazionali. ② (*estens.*) intimo, interiore: *internal monologue,* monologo interiore; *internal speech,* discorso interiore. ③ intrinseco. ④ (*med.*) da prendersi per via orale: *internal remedy,* un farmaco per via orale. ♦ *internal auditor,* revisore dei conti (interno); *internal debt,* debito interno; *internal revenue,* gettito fiscale; *internal revenue tax,* dazio interno; *internal combustion engine,* motore a combustione interna; *internal medicine,* medicina interna. → *interno, interiore.*

interrogation [in,terə'geiʃən], *s.* interrogatorio: *at the police station he was under interrogation for many hours*, al commissariato di polizia fu sottoposto a un interrogatorio che è durato per ore. ♦ *interrogation point* (o *mark*), punto interrogativo. NON SIGNIFICA PIÙ → *interrogazione*.

interrogazione, *s.* ① (*domanda*) question; query. ② (*di scuola*) oral test; (*fam.*) oral. ♦ *interrogazione parlamentare*, parliamentary question (*o* question in the House).

to intimate ['intimeit], *v.t.* ① accennare; suggerire; far capire; far intuire: *he intimated his approval*, ci ha fatto intuire che ci avrebbe dato la sua approvazione. ② (*raro*) dichiarare; pronunciare (solennemente); proclamare. NON SIGNIFICA → *intimare* // **intimation** [,inti'meiʃən], *s.* ① accenno; vago cenno: *he gave an intimation of his feelings*, ha fatto un accenno a (ha lasciato intuire) i suoi sentimenti. ② avviso, annuncio, dichiarazione. NON SIGNIFICA → *intimazione*.

intimare, *v.t.* ① to order; to enjoin; to command: *gli intimò di troncare ogni discussione*, he ordered him to stop arguing. ② (*notificare*) to notify an order; to order: *la magistratura intimò lo sfratto all'inquilino*, the magistrate ordered the tenant's eviction. ♦ *intimare la resa*, to call for surrender // **intimazione,** *s.* ① (*ordine*) order; injunction: *intimazione di stop*, order to stop. ② notice, notification. ♦ (*dir.*) *intimazione a presentarsi a deporre*, subpoena; (*dir.*) *intimazione di sfratto*, eviction order.

to intoxicate [in'tɔksikeit], *v.t.* ① ubriacare; inebriare: *he drank a lot of wine besides a few Martini cocktails and got intoxicated*, ha bevuto molto vino oltre ad alcuni Martini e si è ubriacato. ② (*fig.*) esaltare, eccitare, rendere ebbro: *intoxicated with joy*, ebbro (o pazzo) di gioia; *success intoxicated him*, il successo gli ha dato alla testa. ③ (*med.*) intossicare.

intossicare, *v.t.* to poison; (*raro*) to intoxicate // **intossicarsi,** *v.i.pron.* to get poisoned (by s.th.).

intricate ['intrikit], *agg.* ① elaborato: *an intricate filigree*, una filigrana elaborata. ② complicato; complesso: *an intricate spy thriller by an American movie director*, un complicato film di spionaggio di un regista americano.

intricato, *agg.* ① tangled (up), entangled: *una matassa intricata*, a tangled skein. ② (*fig.*) involved; (*di trama, intreccio*) intricate; complicated.

intriguing [in'tri:giŋ], *agg.* che incuriosisce; avvincente; affascinante; sconcertante; che lascia interdetti: *an intriguing story*, una storia affascinante; *an intriguing remark*,

intrigante, *agg.* meddlesome; interfering; scherning; officious // *s.* meddler; schemer; intriguer.

un'osservazione sconcertante (*o che lascia interdetti*).

Due parole in merito all'equivalente italiano di questo aggettivo "intrigante" spesso usato da autori italiani con il significato inglese ripreso dal francese *intriguer*. Forse vale la pena riprendere l'affascinante (non "intrigante") scambio di vedute fra Virginia Browne (*Odd Pairs - False Friends*, Zanichelli, 1987) e il linguista Luciano Satta (*Giornale Nuovo*, 10 novembre 1987) sull'uso e l'abuso di "intrigante" come imperversante neologismo in autori contemporanei di prestigio e di sicuro richiamo presso il pubblico. Oreste del Buono, che su *Panorama* (novembre 1987) dichiara che una nuova biografia del Foscolo è "una lettura senz'altro intrigante", ha dei precursori ben accreditati nel mondo delle lettere come Dacia Maraini, Raffaele La Capria, Nantas Salvalaggio, Michele Prisco, etc. Scusate il purismo, ma preferiamo dire che NON SIGNIFICA → *intrigante*.

introduction [ˌintrəˈdʌkʃən], *s*. ① introduzione (anche *mus.*): *a famous author wrote an introduction to his latest book*, un famoso scrittore ha scritto l'introduzione al suo ultimo libro. ② presentazione: *a letter of introduction*, una lettera di presentazione; *to make introductions*, fare le presentazioni. ③ manuale (propedeutico); guida; introduzione allo studio: *an introduction to Italian literature*, una guida allo studio della letteratura italiana.

introduzione, *s*. ① introduction. ② (*informatica*) input, entry: *introduzione dei dati*, data input.

invaluable [inˈvæljuəbl], *agg*. inestimabile; senza prezzo; di grande valore (anche *fig.*): *an invaluable painting*, un dipinto di grande valore; *invaluable assistance*, aiuto inestimabile. NON SIGNIFICA → *invalutabile*.

invalutabile, *agg*. that cannot be valued.

italic¹ [i'tælik], *agg.* italico: *Italic language*, lingua italica. ■ **italic²** [i'tælik], *agg.* (*tip.*) corsivo: *this sentence is printed in italic type, but the translation is in roman type*, questa frase è stampata in corsivo, ma la traduzione è in tondo. Questo carattere è stato usato nell'edizione Aldina di Virgilio, stampata a Venezia nel 1591 e dedicata all'Italia. Il termine "carattere italico" per corsivo è usato anche in italiano, ma solo dagli addetti ai lavori // **to italicize** [i'tælisaiz], *v.t.* ① (*tip.*) stampare in (carattere) corsivo. ② (*tip.*) sottolineare una parola perché venga composta in corsivo. NON SIGNIFICA → *italianizzare*.

italianizzare, *v.t.* to italianize.

J

joke [dʒouk], *s.* ① scherzo: *it's only a joke*, è solo uno scherzo. ② barzelletta. ③ (*di persona*) zimbello. ♦ *to say s.th. in a joke*, dire qc. per scherzo; *no joke*, senza scherzi; *to take a joke*, stare allo scherzo. NON SIGNIFICA → *gioco*.

gioco, *s.* ① game: *i Giochi Olimpici*, the Olympic Games; *giochi all'aperto*, outdoor games. ② (*il giocare in genere; il modo di giocare*) play: *bambini intenti al gioco*, children at play; *gioco leale*, fair play; *gioco pesante*, rough play. ③ (*estens.*) play: *gioco d'acqua*, play of water. ④ (*di azzardo*) gamble, gambling. ⑤ (*mecc.*) play. ⑥ (*spazio tra due superfici*) clearance. ♦ *gioco di parole*, pun (*o* play on words).

jolly ['dʒɔli], *agg.* allegro; gioviale // *avv.* (*fam.*) viene usato a volte come rafforzativo di un aggettivo, p.e.: *a jolly good fellow*, una persona molto simpatica. NON SIGNIFICA → *jolly*.

jolly, *s.* (*nelle carte*) joker.

just [dʒʌst], *agg.* giusto // *avv.* ① poco fa, appena: *he has just left*, se ne è appena andato. ② esattamente, proprio: *that's just what I mean*, è proprio quello che voglio dire. ③ appena, per poco: *it's just enough*, è appena sufficiente.

giusto, *agg.* ① fair; (*più raro*) just: *un giudice giusto*, a fair judge. ② (*esatto*) correct; right (*pred.*): *quello che dici è giusto*, what you are saying is right. ③ (*legittimo*) rightful, lawful // *avv.* correctly, precisely: *ha risposto giusto*, he answered correctly. ♦ *essere nel giusto*, to be right; *è più che giusto*, it's only fair.

juvenile ['dʒu:vinail], *agg.* ① puerile, immaturo: *juvenile behaviour*, comportamento immaturo. ② (*dir.*) minorile, dei minorenni: *juvenile court*, tribunale dei minorenni; *juvenile delinquency*, delinquenza minorile. NON SIGNIFICA → *giovanile*.

giovanile, *agg.* youthful, young: *ha un aspetto giovanile*, he looks young; *il viso di mia madre è ancora giovanile*, my mother's face is still youthful.

K

killer ['kilə*], *s.* ① chi uccide, assassino. ② (*fig.*) flagello: *cancer is a major killer*, il cancro è un immane flagello. ◆ *killer whale*, orca (*lat.: Orcinus orca*).

killer, s. (sicario) hired murderer.

L

labo(u)r ['leibə*], *s.* ① lavoro pesante; fatica; sforzo: *he doesn't dislike manual labour*, non gli dispiace il lavoro manuale. ② travaglio (di parto); doglie: *a woman in labour*, una donna con le doglie. ③ manodopera; lavoro: *skilled labour*, manodopera specializzata; *price rise was due to labour costs*, l'aumento dei prezzi fu causato dai costi della manodopera; *labour market*, mercato del lavoro; *labour demand*, domanda di manodopera. ④ lavoratori (*pl.*); classe lavoratrice; proletariato. ♦ *Labour Party*, partito laburista; *labour agreement*, accordo sindacale; *labour contract*, contratto di lavoro; *labour force*, forza lavoro; *hard labour*, lavori forzati; *Labour Day*, festa del lavoro (in USA e Canada viene celebrata il primo lunedì di settembre; in altri paesi generalmente il 1° maggio); *Labour Exchange*, ufficio collocamento.

lampoon [læm'puːn], *s.* libello, pamphlet. NON SIGNIFICA → *lampone*.

languid ['læŋgwid], *agg.* ① debole, fiacco, lento: *domestic politics have adjusted to this languid schedule*, la politica interna si è adattata a queste fiacche scadenze. ② abulico, apatico, indifferente.

lard [laːd], *s.* strutto: *chips fried in lard*, patatine fritte nello strutto. NON SIGNIFICA → *lardo* // **to lard**, *v.t.* (*gastr.*) lardellare; coprire con uno strato di grasso.

lavoro, *s.* ① work; (*faticoso*) labour: *mi piace il mio lavoro*, I enjoy my work. ② job, post; task: *cercare lavoro*, to look for a job; *un lavoro direttivo*, an executive post; *assegnare un lavoro a qd.*, to set s.o. a task. ♦ *turno di lavoro*, shift; *lavoro nero*, black work; *domanda di lavoro*, application for a job.

lampone, *s.* raspberry.

languido, *agg.* ① (*fiacco*) languid, weak. ② (*sentimentale*) languishing.

lardo, *s.* bacon fat.

large [la:dʒ], *agg.* ① grande, spazioso, ampio: *a large office*, un grande ufficio. ② grosso, consistente: *a large sum*, una grossa somma. ③ generoso, liberale: *a large heart*, un cuore generoso. ④ ampio, esauriente: *he has large views on that subject*, si è fatto un'idea esauriente su quell'argomento. ⑤ pretenzioso, borioso: *a large speech*, un discorso pretenzioso. ⑥ numeroso.

largess(e) ['la:dʒis,–dʒes], *s.* ① liberalità, munificenza, generosità. ② dono, elargizione; regalia. ③ nobiltà d'animo.

laureate ['lɔ:riit], *s.* poeta, letterato o persona eminente alla quale sia stata conferita un'onorificenza. ♦ *poet laureate*, poeta laureato. NON SIGNIFICA → *laureato*.

lecture ['lektʃə*], *s.* ① conferenza: *there will be a lecture on Byron tomorrow*, domani ci sarà una conferenza su Byron. ② relazione: *Doctor Smith's lecture on the international Congress in Rome was very interesting*, la relazione tenuta dal Dott. Smith sul Congresso internazionale di Roma è stata molto interessante. ③ lezione universitaria. ④ ammonimento, paternale: *to read s.o. a lecture*, fare la paternale a qd. NON SIGNIFICA → *lettura*.

liberal ['libərəl], *agg.* liberale (anche *pol.*); di ampie vedute: *a liberal benefactor*, un benefattore liberale (*o* munifico); *a liberal mind*, una mente di ampie vedute (*o* aperta); *a liberal Democrat*, un liberal-democratico. ♦ *a liberal translation*, una traduzione libera; *a liberal helping*, una porzione abbondante; *a liberal*

largo, *agg.* ① wide, broad: *un ponte largo 20 metri*, a bridge 20 metres wide; *spalle larghe*, broad shoulders. ② (*di indumenti*) large; (*comodo*) loose-fitting. ③ (*generoso*) large, liberal. ④ (*copioso*) plentiful; big: *larghi guadagni*, big profits. ⑤ (*fonetica*) broad: *pronuncia larga*, broad pronunciation. ♦ *in lungo e in largo*, far and wide; *di manica larga*, lenient; *prendere il largo*, to set sail; (*fig.*) to make off; *il vestito le stava largo*, the dress was hanging on her.

larghezza, *s.* ① width, breadth: *larghezza di una stanza*, width of a room. ② (*apertura mentale*) breadth of mind; liberality. ③ (*generosità*) largess(e), liberality, generosity. ④ (*abbondanza*) abundance, plenty: *larghezza di particolari*, plenty of details.

laureato, *s.* graduate.

lettura, *s.* reading: *ama la lettura*, he is fond of reading. ♦ *letture amene*, light reading (*o* literature); *lettura delle bozze*, proof-reading; *sala di lettura*, reading room; *chiave di lettura*, key to reading; *lettura del pensiero*, thought reading.

reward, un compenso generoso; *liberal arts*, studi classici; *liberal education*, cultura umanistica // *s.* ① (USA) progressista, democratico (di sinistra). ② (GB) *Liberal*, liberale (membro dell'omonimo partito). ♦ *Lib-lab*, sta per *liberal-labourist*, nuova tendenza politica per denotare un socialismo illuminato (usata nel linguaggio giornalistico talvolta con una punta d'ironia).

library ['laibrəri], *s.* ① biblioteca: *a lending library*, una biblioteca circolante. ② collana editoriale. ③ (*estens.*) raccolta, collezione: *he has a vast library of science fiction*, ha una vasta raccolta di libri di fantascienza. ④ (*informatica*) libreria. ♦ *film library*, cineteca; *record library*, discoteca; *a library van*, un bibliobus.

liberty ['libəti], *s.* ① libertà (anche *estens.*). ② (*pl.*) privilegi. NON SIGNIFICA → *Liberty*.

liquid ['likwid], *agg.* ① liquido: *liquid state*, stato liquido. ② chiaro, limpido, trasparente: *liquid eyes*, occhi limpidi; *liquid sky*, cielo trasparente. ③ armonioso: *a liquid melody*, una melodia armoniosa. ④ instabile. ♦ *liquid assets*, attività liquide // *s.* ① liquido. ② (consonante) liquida.

liqueur [li'kjuə*], *s.* liquore.

libreria, *s.* ① (*negozio*) bookshop, bookseller's; (USA) bookstore. ② (*mobile*) bookcase. ③ (*raccolta di libri*) library. ④ (*in informatica*) library. ♦ *libreria antiquaria*, antiquarian bookshop; (*di occasioni*) second-hand bookshop.

Liberty, in Italia sta per stile floreale, chiamato in Inghilterra *Modern style*, in Francia *Art nouveau* e in Germania *Jugendstil*. Il termine italiano deriva dai magazzini omonimi fondati a Londra nel 1875 da Arthur Lasenby Liberty. La raffinatezza dei motivi naturalistici ornamentali denuncia il gusto per l'arte dell'Estremo Oriente e si collega alle idee estetiche di John Ruskin e W. Morris in polemica con lo scadimento artigianale prodotto dai nuovi processi industriali e fautori della diffusione del senso del bello in ogni strato della società.

liquore, *s.* ① (*bevanda alcolica aromatica*) liqueur; cordial. ② (*distillato*) liquor; (*pl.*) spirits.

liquor ['likə*], s. ① liquore (distilla-to). ② (*estens.*) sostanza liquida. ③ (*medicamento*) liquore. ♦ *to be in liquor*, essere ubriaco; *malt liquor*, birra; *under the influence of liquor*, sotto l'influenza dell'alcol. NON SI-GNIFICA → *liquor*.

liquor, s. (*anat.*) cerebrospinal fluid.

literate ['litərit], s. ① persona che sa leggere e scrivere. ② persona colta (*o* istruita). NON SIGNIFICA → *letterato*.

letterato, s. man of letters; scholar.

literature ['litəritʃə*], s. ① letteratu-ra. ② letteratura, scritti: *medical literature*, letteratura medica. ③ stampati pubblicitari, opuscoli illu-strativi. ④ (*mus.*) partitura.

to litigate ['litigeit], *v.t.* contestare, citare: *to litigate the validity of a statute*, contestare la validità di uno statuto // *v.i.* essere in causa: *banks often litigate over failed companies*, le banche sono spesso in causa per società fallimentari. NON SIGNIFICA → *litigare*.

litigare, *v.i.* to quarrel, to argue; to dispute: non voglio litigare con lui, *I don't want to quarrel with him*.

litigious [li'tidʒəs], *agg.* (*dir.*) ① che promuove facilmente cause legali: *he's a very litigious person and nearly always deceives his solicitor*, è una persona che fa spesso cause e quasi sempre inganna il suo legale. ② → *litigioso*.

litigioso, *agg.* ① quarrelsome. ② (*dir.*) litigious.

locale [lo(u)'kɑ:l], s. ① luogo, loca-lità. ② ambiente, ambientazione; scena: *the locale of a story*, la scena in cui si svolge una storia. NON SIGNI-FICA → *locale*.

locale, s. ① (*ambiente*) room; premises (*pl.*): *locali scolastici*, school premises. ② (*pubblico eserci-zio*) restaurant, café, etc.; (*am. slang*) joint. ♦ *locale notturno*, night-club; *locale da ballo*, ball-room, dance-hall; *locale di servizio*, duty room; *locale macchine*, engine room; *locale caldaie*, boiler room; (*mar.*) stokehold.

to localize ['loukəlaiz], *v.t.* ① loca-lizzare, determinare la località di provenienza: *to localize a dialect*, de-terminare la località (di provenien-za) di un dialetto. ② circoscrivere: *a localized haemorrhage*, un'emorag-gia circoscritta.

localizzare, *v.t.* ① to locate; to pin-point: *localizzare un bersaglio*, to pinpoint a target. ② (*circoscrivere*) to localize. ♦ *localizzare un aereo con il radar*, to track down an airplane.

to locate ['loukeit], *v.t.* ① localizzare, individuare. ② collocare, situare. NON SIGNIFICA → *locare*.

location [lou'keiʃən], *s.* ① posizione, ubicazione: *a suitable location for a camp*, una posizione adatta per un campeggio. ② localizzazione. ③ lotto di terreno: *I found a good location for the house*, ho trovato un buon lotto di terreno per la casa. ④ esterni di un film: *to shoot on location*, girare gli esterni di un film. NON SIGNIFICA → *locazione*.

loyal ['lɔiəl], *agg.* ① fedele: *he is always a loyal supporter of our team*, è sempre un fedele sostenitore della nostra squadra. ② leale: *she is loyal to her friends*, è leale nei confronti degli amici.

lozenge ['lɔzindʒ], *s.* ① *(geom.)* rombo. ② *(farm.)* pastiglia, pasticca: *cough lozenges*, pasticche per la tosse. ③ *(araldica)* losanga.

lunatic ['lu:nətik], *agg.* ① pazzo, matto, folle. ② pazzesco; strambo: *this is a lunatic proposal*, questa è una proposta stravagante (o assurda); *the arms race is resuming on a lunatic scale*, la corsa agli armamenti sta riprendendo all'impazzata. ♦ *lunatic asylum*, manicomio; *lunatic fringe*, frangia estremista di un movimento politico o religioso // *s.* pazzo, matto, folle (anche *fig.*). NON SIGNIFICA → *lunatico*.

lurid ['ljuərid], *agg.* ① impressionante, sensazionale; scandaloso: *the papers published the lurid details of his death*, i giornali pubblicarono i particolari impressionanti della sua morte. ② spaventoso, tremendo: *a lurid murder*, un omicidio spaventoso. ③ sconvolgente: *what a lurid tale!*, che storia sconvolgente! ④ livido; sinistro; spettrale: *we saw a lurid light in the sky after the fire*, si vedeva una luce spettrale nel cielo dopo l'incendio. ⑤ sgradevolmente sgargiante: *she was wearing her new lurid dress*, indossava il suo nuovo abito terribilmente sgargiante. NON SIGNIFICA → *lurido*.

locare, *v.t.* to let, to rent.

locazione, *s.* lease, tenancy: *la locazione scade il prossimo mese*, the lease will expire next month; *una locazione di dieci anni*, a ten-year tenancy; *prendere una casa in locazione*, to take a house on a lease; *dare in locazione un appartamento*, to let (o to rent) a flat.

leale, *agg.* ① *(sincero)* sincere, true: *un amico leale*, a sincere (o true) friend; ② *(fedele)* loyal, faithful. ③ *(onesto)* fair. ♦ *gioco leale*, fair play; *non è leale!*, that's cheating!

losanga, *s.* lozenge (anche *in araldica*); diamond.

lunatico, *agg.* moody, temperamental, changeable: *è lunatico come il tempo*, he's as changeable as the weather.

lurido, *agg.* dirty, filthy (anche *fig.*): *il tuo maglione è lurido*, your sweater is filthy; *un lurido individuo*, a filthy fellow.

luxurious [lʌgˈzjuəriəs], *agg.* ① lussuoso, sfarzoso: *they live in a luxurious flat in the centre of the town*, vivono in un appartamento lussuoso nel centro della città. ② pienamente appagato nei sensi; felice e beato: *in her huge armchair she felt cosy and luxurious*, nella sua enorme poltrona si sentiva comoda, felice e beata. NON SIGNIFICA → *lussurioso*.

luxury [ˈlʌkʃəri], *s.* ① lusso: *a luxury hotel*, un albergo di lusso; *they have always lived in luxury*, vivono nel lusso da sempre; *it's a luxury for me to be able to sleep late*, è un lusso per me poter dormire fino a tardi. ② (*oggetto costoso non necessario*) lusso: *we can't afford to spend money on luxuries*, non possiamo permetterci di spendere del denaro per questi lussi. NON SIGNIFICA → *lussuria*.

lyric [ˈlirik], *agg.* lirico: *lyric poetry*, poesia lirica // *s.* ① (poeta) lirico. ② (poesia) lirica. ③ (*pl.*) *lyrics:* I le parole di una canzone. II il testo di una commedia musicale // **lyricist** [ˈlirisist], *s.* ① paroliere. ② librettista di una commedia musicale.

lussurioso, agg. lustful; lascivious. ♦ I lussuriosi condannati da Dante e descritti nel V canto dell'Inferno sono: «the Lustful».

lussuria, s. lust: *c'era un'evidente lussuria nel suo sguardo*, there was an evident lust in his gaze.

lirico, agg. ① lyric(al). ② (*rif. al melodramma*) opera (*attr.*): *cantante lirico*, opera singer // *s.m.* lyric poet // *s.f.* ① lyric poetry. ② (*componimento*) lyric (anche *mus.*). ③ (*melodramma*) opera.

M

macaroons [ˌmækəˈruːns], *s.pl.* amaretti (*o*, in alternativa, biscottini aromatizzati alla noce di cocco). NON SIGNIFICA → **maccheroni.**

maccheroni, *s.pl.* macaroni.

magazine [ˌmægəˈziːn], *s.* ① rivista periodica: *woman's magazine*, rivista femminile. ② programma televisivo di attualità (con diversi servizi in sommario). ③ deposito (di armi e di esplosivi). ④ (*di arma da fuoco*) caricatore. ⑤ (*foto*) cassetta di caricamento. NON SIGNIFICA → **magazzino.**

magazzino, *s.* ① store, storehouse, warehouse. ② (*emporio*) department store; (USA) store. ③ (*insieme di merci*) stock.

to magnify [ˈmægnifai], *v.t.* ① (*di lente, microscopio, etc.*) ingrandire: *magnifying glass*, lente di ingrandimento; (*el.*) amplificare. ② (*fig.*) esagerare: *he always magnifies his sufferings*, esagera sempre i suoi mali. ③ (*antiquato*) glorificare, lodare. NON SIGNIFICA → **magnificare.**

magnificare, *v.t.* to extol, to exalt.

to maintain [meinˈtein], *v.t.* ① mantenere; conservare: *he maintained his interest in football all his life*, conservò l'interesse per il calcio tutta la vita. ② (*sopportare le spese*) mantenere: *to maintain a son at the university*, mantenere un figlio all'università. ③ provvedere alla manutenzione: *to maintain the roads*, curare la manutenzione delle strade. ④ affermare, sostenere; difendere: *to maintain one's innocence*, sostenere la propria innocenza; *to maintain one's rights*, difendere i propri diritti.

major ['meidʒə*], *agg.* ① maggiore, più importante, principale, grande: *a major artist*, un grande artista; *this is the major road*, questa è la strada principale. ② maggiore, più grande: *the major part of s.th.*, la maggior parte di qc. ③ importante, grosso: *he underwent a major surgical operation*, ha dovuto subire un'operazione chirurgica di una certa importanza; *the car needs major repairs*, l'automobile necessita di grosse riparazioni. ④ (*mus.*) maggiore // *s.* ① (*mil.*) maggiore. ② (*dir.*) maggiorenne. ③ (USA) studente che si specializza in una data materia; la materia di specializzazione. ♦ (USA) *major league*, girone di serie A; *major party*, partito di maggioranza; *Jones is the major partner in the firm*, Jones è il socio di maggioranza della ditta.

malice ['mælis], *s.* ① cattiveria; malanimo: *a letter full of malice*, una lettera piena di malanimo; *to bear malice to s.o.*, nutrire malanimo verso qd. ② (*dir.*) dolo, intenzione criminosa. ♦ (*dir.*) *malice aforethought*, premeditazione. → *malizia* // **malicious** [məˈliʃəs], *agg.* ① cattivo, maligno. ② (*dir.*) doloso; premeditato. NON SIGNIFICA → *malizioso*.

malign [məˈlain], *agg.* (*rif. a cose*) funesto, nocivo. NON SIGNIFICA → *maligno*.

mandate ['mændeit], *s.* ① ordine, ingiunzione. ② (*pol. dir.*) mandato ③ (*st.pol.*) mandato (ovvero potere concesso a una nazione, dopo la prima guerra mondiale, da parte della Società delle Nazioni a governare un'altra nazione o parte di essa). // **mandatory** ['mændətəri], *agg.* ① ingiuntivo. ② obbligatorio // *s.* ① (*dir.*) mandatario. ② nazione che ha il mandato, di cui al punto 3.

maggiore, *agg., comparativo* se il paragone è fra due persone o cose; *superlativo* se il paragone è fra più di due persone o cose. Per le desinenze si vedano le normali regole grammaticali. ① (*comp.*) greater, bigger, larger; (*più alto*) higher; (*sup.*) the greatest, the biggest, the largest; the highest. ② (*di età*) (*comp.*) older: *il maggiore dei due*, the older of the two; (*sup.*) the oldest; (*di membri della stessa famiglia*) elder; (*sup.*) the eldest. ③ (*più*) (*comp.*) more; (*sup.*) the most; main: *dare maggiore importanza a qc.*, to give more importance to s.th. (o to stress the importance of s.th.); *la piazza maggiore*, main square. ④ (*dir.*) of age: *raggiungere la maggiore età*, to come of age. ⑤ (*per ordine gerarchico*) chief; (*mil.*) major: *sergente maggiore*, sergeant major // *s.* ① (*mil.*) major: *maggiore medico:* surgeon-major. ② (*aer.*) squadron-leader.

malizia, *s.* ① evil intent: *agire con malizia*, to do s.th. with evil intent. ② knowingness: *fu colpito dalla malizia del suo sorriso*, he was struck by the knowingness of her smile. ③ (*astuzia*) artfulness, cunning. ④ (*furbizia*) mischief. ⑤ (*raro*) malice // **malizioso,** *agg.* mischievous; artful; cunning.

maligno, *agg.* ① malicious, spiteful: *commenti maligni*, malicious remarks. ② (*med.*) malignant: *tumore maligno*, malignant tumor. ♦ *il Maligno*, the Evil One.

mandato, *s.* ① (*ordine scritto*, anche *econ.*) order: *mandato di pagamento*, order for payment, (o cash order). ② (*dir.*) warrant: *mandato di cattura*, warrant of arrest; *mandato di perquisizione*, search warrant. ③ (*incarico*) mandate, commission. ④ (*pol.*) mandate: *mandato parlamentare*, (Parliamentary) mandate.

manners ['mænəz], *s.pl.* comportamento educato; educazione: *good manners*, buona educazione; *a child of no manners*, un bambino maleducato; *table manners*, buone maniere a tavola.

mansard ['mænsɑːd], *s.* mansarda (nel senso di struttura di tetto a falde spioventi).

mansarda, *s.* ① mansard (-roof). ② (*sottotetto abitato*) garret. ③ (*di lusso: attico*) penthouse.

mansion ['mænʃən], *s.* ① casa signorile, palazzo. ② (*pl.*) palazzo ad appartamenti. ♦ *The Mansion House*, la residenza ufficiale del Sindaco di Londra. NON SIGNIFICA → *mansione*.

mansione, *s.* duty, task, job; (*incarico*) office, assignment: *rientra nelle tue mansioni*, it is your duty; *le mansioni di Primo Ministro*, the office of Prime Minister.

mantel ['mæntl], *s.* cappa del camino; mensola del camino. NON SIGNIFICA → *mantello*.

mantello, *s.* ① cloak; coat. ② (*fig.*) mantle, blanket: *un mantello di neve*, a blanket of snow. ③ (*zool.*) coat; fur. ④ (*mecc.*) shell.

marina ['məˈriːnə], *s.* porticciolo per imbarcazioni da diporto, darsena. NON SIGNIFICA → *marina*.

marina, *s.* ① (*litorale*) seashore; seafront: *ci incontrammo in un caffé sulla marina*, we met at a seafront café. ② (*pitt.*) seascape. ③ (*mil.*) navy.

marmalade ['mɑːməleid], *s.* marmellata generalmente di arance o di limoni o di altri agrumi.

marmellata, *s.* ① jam. ② (*conserva di frutta*) preserve. ③ (*di agrumi*) marmalade.

maroon¹ [məˈruːn], *s.* ① rossiccio scuro. ② piccolo razzo usato per segnalazioni (specialmente in mare). NON SIGNIFICA → *marrone*. ■ **maroon²**, *s.* ① (*stor.*) schiavo negro fuggiasco o suo discendente. ② persona abbandonata su un'isola deserta // **to maroon**, *v.t.* ① abbandonare qd. su un'isola deserta. ② abbandonare qd. senza mezzi di sussistenza.

marrone, *s.* (*bot.*) chest-nut // *agg.* (chest-nut) brown.

material [məˈtiəriəl], *agg.* ① materiale, fisico: *the material world*, il mondo fisico; *material damage*, danni materiali. ② importante, essenziale: *a material witness*, un testimone importante (chiave) // *s.* ① materiale; materia (anche *fig.*): *material for a book*, il materiale per un libro. ② occorrente, attrezzatura: *writing materials*, l'occorrente per scrivere. ③ tessuto; stoffa. Naturalmente anche il suo contrario *immaterial* significa: non pertinente; poco importante; non essenziale.

materiale, *agg.* ① material. ② (*rozzo, grossolano*) coarse, rough. ♦ *non ho il tempo materiale*, I simply haven't the time // *s.* material, stuff; (*attrezzatura*) equipment: *materiale da costruzione*, building material; *materiale scolastico*, teaching equipment. ♦ *materiale alluvionale*, alluvium; *materiale di scarto*, scrap.

maternity [məˈtəːniti], *s.* ① maternità: *maternity ward*, reparto maternità; *maternity leave*, congedo per maternità (concesso alle donne lavoratrici). ② (USA) abito prémaman. ③ (*usato con valore attributivo*) prémaman, da gestante, per le donne in stato interessante: *maternity clothes*, abiti per gestanti; *maternity chich*, l'ultima moda per le donne in stato interessante.

maternità, *s.* ① maternity: *ha avuto molte maternità a breve distanza di tempo*, she had successive maternities. ② (*condizione di essere madre*) motherhood.

matter [ˈmætə*], *s.* ① materia; sostanza: *mind and matter*, spirito e materia. ② argomento; affare; questione; faccenda: *money matter*, una faccenda di soldi; *the matter was discussed thoroughly*, si è discusso l'argomento a fondo; *the matter in hand*, l'argomento in questione. ③ importanza; peso (in senso *fig.*): *it is an affair of little matter*, è una faccenda di poco peso. ④ (*med.*) pus. ♦ *as a matter of fact*, veramente, effettivamente; *no matter!*, non preoccuparti!; *no matter how*, comunque; *no matter when*, non importa quando; *what's the matter?*, cos'è successo?; *a matter of course*, un evento naturale; *as a matter of course*, naturalmente // **to matter,** *v.i.* ① importare: *it doesn't matter*, non importa. ② (*med.*) suppurare.

materia, *s.* ① matter; substance; material: *materia prima*, raw material. ② (*argomento*) subject (matter): *materia d'esame*, examination subject. ♦ *materia grigia*, grey matter.

meagre ['mi:gə*], *agg.* ① insufficiente, scarso, magro: *a meagre harvest*, un magro raccolto; *meagre earnings*, stipendio da fame. ② (*raro*) magro, smilzo.

medication [ˌmedi'keiʃən], *s.* ① farmaco, medicina, medicamento: *as people get older they are much more likely to be taking medications*, invecchiando, diventa quasi inevitabile dover prendere delle medicine. ② cura (medica). ③ (*raro*) medicazione.

memorial [mi'mɔ:riəl], *s.* ① commemorazione; monumento (commemorativo): *a war memorial*, un monumento ai caduti. ② (*pl.*) memoriale, raccolta di documenti. ③ (*raro*) memoriale; petizione, supplica. ♦ (USA) *Memorial Day*, giorno in cui si commemorano i caduti in guerra (in quasi tutti gli Stati dell'Unione l'avvenimento ha luogo il 30 maggio) // *agg.* commemorativo: *a memorial tablet*, una lapide commemorativa.

mercurial [mə:'kjuəriəl], *agg.* ① (*chim.*) mercurifero; (*farm.*) mercuriale. ② volubile, incostante: *a mercurial temperament*, un carattere volubile. ③ vivace: *his mind is mercurial*, ha un'intelligenza vivace.

meretricious [ˌmeri'triʃəs], *agg.* (*raro*) ① appariscente, vistoso: *meretricious costume jewelry*, bigiotteria vistosa. ② di poco prezzo ③ di cattivo gusto // **meretriciousness** [ˌmeri'triʃəsnis], *s.* vistosità, appariscenza. NON SIGNIFICA PIÙ → **meretricio**.

magro, *agg.* ① thin; (*senza grasso*) lean: *carne magra*, lean meat. ② (*fig.*) (*scarso, misero*) poor, scanty; meagre: *hai fatto una magra figura*, you cut a poor figure. ♦ *magro come un'acciuga*, as thin as a rake; *mangiare di magro*, to eat no meat // **magra**, *s.f.* ① low (water): *il fiume è in magra*, the river is low. ② (*fig.*) (*difficoltà economiche*) hard times: *è un periodo di magra*, these are hard (o lean) times.

medicazione, *s.* treatment; (*raro*) medication; (*di ferite*) dressing.

memoriale, *s.* ① (*libro di memorie*) memoir(s). ② (*raccolta di documenti storici*) memorial, record. ③ (*petizione*) memorial, petition.

meretricio, *s.* prostitution.

metal ['metl], *s.* ① metallo. ② (*vetr.*) vetro fuso. ③ (GB) (*strad. e ferr.*) pietrisco; (*pl.*) rotaie. ④ (*tip.*) piombo (per caratteri). ♦ *heavy metal*, "heavy metal" (un tipo di musica rock fortemente sincopata e suonata con chitarre e batterie elettriche).

milliard ['miljɑ:d], *s.* miliardo.

miliardo, *s.* (GB) thousand million(s), milliard; (USA) billion. "Billion" in GB significa "trilione", cioè un milione di miliardi. Quindi, per evitare confusione, è consigliabile tradurre "miliardo" con "thousand million", anche se billion si sta affermando in GB.

mine¹ [main], *pron.* il mio: *which is mine?*, qual è il mio? ■ **mine²**, *s.* ① miniera (anche *fig.*): *a gold mine*, una miniera d'oro; *that book is a mine of information*, quel libro è una miniera di informazioni. ② (*mil.*) mina.

mina, *s.* ① (*mil.*) mine: *mina galleggiante*, floating mine. ② (*di matita*) lead.

minor ['mainə*], *agg.* E' il contrario di "major"; quindi: ① minore, secondario, di minore importanza: *a minor artist*, un artista minore; *this is a minor road*, questa è una strada secondaria. ② non grave, lieve: *he underwent a minor surgical operation*, subì una piccola operazione chirurgica. ③ (*mus.*) minore // *s.* ① (*dir.*) minorenne ② (USA) (*università*) materia secondaria (o complementare).

minore, *agg., comparativo* se il paragone è fra due persone o cose; *superlativo* se il paragone è fra più di due persone o cose. Per le desinenze si vedano le normali regole grammaticali. ① (*comp.*) less, (*attr.*) lesser: *minor tempo e minor fatica*, less time and less effort; (*sup.*) the least: *ultimo, ma non di minor importanza*, the last but not the least; (*più piccolo*) (*comp.*) smaller; (*sup.*) the smallest; (*più breve*) (*comp.*) shorter; (*sup.*) the shortest. ② (*di età*) (*comp.*) younger; (*sup.*) the youngest. ③ (*rif. a numeri*) (*comp.*) smaller, lower; (*sup.*) the smallest, the lowest. ④ (*minorenne*) under age. ⑤ (*meno importante*) minor, (*attr.*) lesser: *le opere minori del Leopardi*, Leopardi's minor work. ⑥ (*mus.*) minor.

miser ['maizə*], *agg.* avaro, spilorcio. NON SIGNIFICA → *misero*.

misero, *agg.* poor, wretched; shabby.

miserable ['mizərəbl], *agg.* ① infelice; insopportabile: *he made my life miserable*, mi ha reso la vita insopportabile; *I feel miserable*, mi sento infelice (mi sento uno straccio). ② opprimente, deprimente: *miserable weather*, tempo deprimente. ③ penoso: *a miserable attempt*, un tentativo penoso. ④ misero, meschino; di poco valore: *a miserable performance*, uno spettacolo di scarso valore.

misery ['mizəri], *s.* ① infelicità, sofferenza: *the miseries of mankind*, le sofferenze dell'umanità. ② avversità, sventura. ③ *(fam.)* persona che si lamenta sempre. ④ indigenza, miseria, privazioni. ♦ *she is in misery from a toothache*, è tormentata dal mal di denti; *to put s.o. out of his misery*, rendere qd. contento (raccontando qc. atteso con curiosità e trepidazione); *to put an animal out of its misery*, dare il colpo di grazia a un animale (ferito).

to model ['mɔdl], *v.t.* ① modellare: *to model pots in clay*, modellare vasi di argilla. ② presentare un abito indossandolo: *her work was modelling (modeling* in USA) *clothes in stores for customers*, il suo lavoro consisteva nel presentare abiti nei negozi alle clienti // **to model oneself**, *v.r.* modellarsi; prendere a modello // *v.i.* ① fare l'indossatore (o l'indossatrice): *she models for a living*, si guadagna la vita facendo l'indossatrice. ② *(arti figurative)* fare da modello (o modella).

moderate ['mɔdərit], *agg.* ① moderato: *he draw his support from moderate conservative circles*, è spalleggiato da ambienti di un conservatorismo moderato. ② *(estens.)* moderato, in quantità limitata, di dimensioni limitate; non eccessivo: *moderate prieces*, prezzi moderati (o ragionevoli); *moderate permissiveness*, un permissivismo non eccessivo; *a moderate sized bath-room*, una stanza da bagno di dimensioni limitate. ③ *(rif. a clima)* temperato, mite, dolce: *a moderate*

miserabile, *agg.* ① wretched; mean; miserable: *vivono in un edificio in condizioni miserabili*, they live in a wretched building. ② *(indigente)* destitute: *è rimasta in condizioni miserabili*, she was left destitute. ③ *(ignobile)* despicable; mean: *ha un comportamento miserabile*, his way of behaving is despicable. ④ *(scarso)* miserable, poor, paltry: *uno stipendio miserabile*, a paltry (o scanty) salary.

miseria, *s.* ① poverty; misery: *vivere in miseria*, to live in poverty (o in misery). ② *(inezia)* pittance, trifle, (mere) nothing: *lavorare per una miseria*, to work for a pittance.

moderato, *agg.* moderate; temperate: *un fumatore moderato*, a moderate smoker; *una discussione in toni moderati*, a discussion with temperate tones // *s.* *(spec. pol.)* moderate.

climate, un clima temperato. ④ limitato, ristretto: *moderate skills*, capacità limitate; *a man with moderate views*, un uomo dalla mentalità ristretta // *s*. moderato.

modest ['mɔdist], *agg*. ① modesto: *though modest, she is self-conscious*, sebbene sia modesta, ha piena coscienza di sé. ② semplice, modesto, in tono dimesso: *a modest house*, una casa semplice; *modest in dress and behaviour*, dimesso nel vestire e nel modo di comportarsi. ③ (*rif. a denaro*) discreto, modesto, appena appena sufficiente: *a modest wage*, uno stipendio appena appena sufficiente; *they enjoy a modest wealth*, dispongono di un patrimonio discreto. ④ (*rif. a persona*) modesto, pudico, riservato: *that such a modest girl should sunbath in topless seem highly improbable*, che una ragazza così pudica prenda il sole in topless mi sembra una cosa poco credibile. ⑤ ragionevole, non eccessivo, moderato: *a modest request*, una richiesta ragionevole. In questa ultima sfera semantica rientra il titolo chilometrico, ma abbreviato in "A modest Proposal", di un libello politico di Jonathan Swift (1729) malamente reso in italiano. La proposta di Swift di realizzare in Irlanda un cannibalismo malthusiano *ante litteram* (a causa della carestia, mangiare l'eccedente prole dei prolifici contadini irlandesi) non era certa "modesta", ma semplicemente ragionevole e, nella sua bruciante ironia, anche moderata. Il titolo dell'opera è diventato quindi, in inglese, un modo di dire di pregnante forza sarcastica.

modesty ['mɔdəsti], *s*. ① modestia: *he is a talented young scientist, with surprising modesty*, è un giovane scienziato di talento di una modestia disarmante. ② pudicizia, pudore, modestia. ③ (*sartoria*) modestina (striscia di tulle o di velo per coprire il seno nelle scollature ampie, secondo la moda del II Impero).

modesto, *agg*. ① modest, unassuming, unpretentious: *una casa modesta*, an unpretentious house; *un'aria modesta*, an unassuming air. ② (*scarso*) scanty, poor, small: *un compenso modesto*, a small reward. ♦ *fare il modesto*, to affect modesty.

modestia, *s*. modesty (anche *estens.*): *falsa modestia*, false modesty. ♦ *senza modestia*, immodest.

modicum ['mɔdikəm], *s.* piccola quantità; minimo necessario; un granello: *a modicum of good sense*, un granello di buon senso. NON SIGNIFICA → *modico*.

moment ['moumənt], *s.* ① momento, istante, attimo: *wait a moment*, aspetta un attimo. ② importanza, rilievo: *a matter of moment*, una questione importante; *news of great moment*, notizie di grande importanza. ③ (*fis.filos.stat.*) momento: *moment of inertia*, momento d'inerzia // **momentary** ['mouməntəri], *agg.* momentaneo.

momentous [mo(u)'mentəs], *agg.* molto importante e serio: *a momentous occasion*, un'occasione estremamente importante (con implicazioni per il futuro). NON SIGNIFICA → *momentaneo*.

momentum [mo(u)'mentəm], *s.* ① (*fis.*) momento. ② (*estens.*) intensità; impulso; importanza: *that trend began about a decade ago, and has gathered momentum over the past few years*, quella tendenza iniziò circa un decennio fa e ha avuto grande impulso negli ultimi anni.

morale [mə'rɑ:l], *s.* morale, stato d'animo: *to boost s.o.'s morale*, sollevare lo spirito di qd. NON SIGNIFICA → *morale*.

morbid ['mɔ:bid], *agg.* ① morboso; malsano: *I read the morbid details of the story in today's Daily Mirror*, ho letto i particolari morbosi della storia sul Daily Mirror di oggi; *morbid curiosity*, curiosità morbosa. ② patologico: *morbid fear*, fobia; *morbid anatomy*, anatomia patologica. NON SIGNIFICA → *morbido* // **morbidity** [mɔ'biditi], *s.* morbosità (*anche* patologia). NON SIGNIFICA → *morbidezza*.

modico, *agg.* moderate, reasonable, low: *prezzi modici*, low (*o* reasonable) prices. ♦ *a prezzi modici*, cheap(ly).

momentaneo, *agg.* (*brevissimo*) momentary; (*passeggero*) passing; temporary.

morale, *s.* ① (*moralità, costumi*) morality; morals: *mancanza di morale*, lax morals; *la morale cristiana*, the christian morality. ② (*insegnamento*) moral: *la morale della favola*, the moral of the story.

morbido, *agg.* ① soft: *letto morbido*, soft bed; *mani morbide*, soft hands. ② (*rif. a abiti*) loose-fitting: *abito di linea morbida*, loose-fitting dress // **morbidezza**, *s.* softness.

morose [mə'rous], *agg.* ① di cattivo umore, immusonito: *a morose face*, una faccia immusonita. ② cupo, tetro: *he has a morose view of his future*, vede il suo futuro a tinte fosche. NON SIGNIFICA → *moroso*.

mortar[1] ['mɔːtə*], *s.* mortaio (anche *mil.*). ■ **mortar**[2], *s.* malta. ♦ (USA) *mortar-board*, tocco o berretto (accademico) portato solo dagli studenti il giorno del diploma di laurea.

motorist ['moutərist], *s.* automobilista. NON SIGNIFICA → *motorista*.

to move [muːv], *v.t.* ① muovere, spostare: *don't move your hands*, non muovere le mani. ② (*fig.*) spingere, indurre: *to move to act*, spingere ad agire. ③ (*fig.*) commuovere: *the child's sufferings moved his mother to tears*, le sofferenze del bambino commossero la madre fino alle lacrime. ④ proporre; presentare (una mozione o un emendamento): *he moved a motion dealing with security of employment*, presentò una mozione sulla sicurezza del posto di lavoro (o dell'impiego) // *v.i.* ① muoversi, spostarsi: *don't move*, non muoverti. ② traslocare; trasferirsi in altro luogo; cambiare residenza: *we've decided to move*, abbiamo deciso di traslocare. ③ essere in movimento; viaggiare a velocità sostenuta: *the train is still moving*, il treno è ancora in movimento; *that car is really moving*, quella macchina viaggia a velocità veramente sostenuta. ④ agire; progredire: *nobody seems willing to move*, sembra che nessuno voglia agire; *work is moving more quickly than expected*, il lavoro progredisce con un ritmo superiore alle nostre aspettative. ⑤ frequentare un ambiente particolare: *to move in artistic circles*, frequentare ambienti artistici. ⑥ presentare un'istanza: *to move for a new trial*, presentare un'istanza per un nuovo processo. ♦ *a moving company* (o *mover*), impresa di traslochi.

moroso[1], *agg.* (*comm.*) defaulting, (*pred.*) in arrears: *debitore moroso*, debtor in arrears. ■ **moroso**[2], *s.* (*dial.*) boy-friend; sweetheart.

motorista, *s.* engineer.

to multiply ['mʌltiplai], *v.i.* ① (*mat.*) moltiplicare, moltiplicarsi. ② moltiplicarsi, aumentare progressivamente: *rumo(u)rs of his role as an informer multiplied swiftly*, le voci che circolano sulle sue attività spionistiche sono aumentate con grande rapidità; *fast-food restaurants multiplied in this area, recently*, in questi ultimi tempi i fast-food si sono moltiplicati in questa zona. ③ moltiplicarsi, riprodursi: *rabbits multiply quickly*, i conigli si riproducono con grande rapidità // *v.t.* moltiplicare.

mundane ['mʌndein], *agg.* ① terreno, di questo mondo. ② comune, banale, monotono: *Carol leads a very mundane life*, Carol conduce una vita molto monotona.

mustard ['mʌstəd], *s.* ① senape: *I'd like a dash of mustard on my hot dogs*, gradirei un po' di senape sui miei hot dogs. ② color senape. NON SIGNIFICA → *mostarda*.

mutual ['mju:tʃuəl], *agg.* mutuo, reciproco: *mutual help*, aiuto reciproco; *mutual trust*, fiducia reciproca. ♦ *a mutual friend*, un amico comune (fra due persone).

mystery ['mistəri], *s.* ① mistero (anche *teol.*): *his death still remains a mystery*, la sua morte rimane tuttora un mistero; *the old castle, cloaked in its mystery continues to fascinate visitors*, il vecchio castello, circondato dal suo mistero, continua ad affascinare i visitatori. ② romanzo giallo; racconto (*o* romanzo) poliziesco. ♦ (*lett.*) *mystery(-)play*, mistero (dramma sacro in volgare che ha per argomento episodi del Vecchio e del Nuovo Testamento. Ebbe origine in Francia nell'XI secolo e veniva recitato in chiesa ai piedi dell'altare).

moltiplicare, *v.t.*; moltiplicarsi, *v.i. pron.* to multiply. ♦ *moltiplicare i propri sforzi*, to redouble one's effort.

mondano, *agg.* ① earthly, worldly; mundane. ② worldly, society-, fashionable: *vita mondana*, society-life. ♦ *un tipo mondano*, a man about town.

mostarda, *s.* ① (*specialità di Cremona*) candied fruits in mustard syrup. ② (*usato impropriamente per senape*) mustard.

mutuo, *agg.* mutual // *s.* loan: *mutuo bancario*, bank loan; (*rif. a mutuo ipotecario*) *contrarre un mutuo*, to take out a mortgage // **mutua**, *s.* (*fondo di assistenza per le malattie*) health insurance scheme (*o* fund); (*di Stato*) National Health Service.

mistero, *s.* mystery (anche *teol.*). ♦ *circondarsi di mistero*, to act mysteriously; *fare misteri*, to be mysterious; (*fam.*) *quanti misteri!*, how secretive you are!

to mystify ['mistifai], *v.t.* ① confondere, rendere perplesso; sconcertare: *I am completely mystified by what happened,* quanto è accaduto mi ha lasciato del tutto interdetto. ② trarre in inganno. ③ circondare di mistero.

mistificare, *v.t.* (*ingannare, imbrogliare*) to deceive, to hoax.

N

to naturalize ['nætʃərəlaiz], v.t. ① (*dir.*) naturalizzare: *he was an immigrant, naturalized as a U.S.A. citizen*, era un immigrato, naturalizzato cittadino americano. ② accettare; adottare; assimilare: *English sporting terms have been naturalized in many languages*, i termini sportivi inglesi sono stati adottati in molte lingue. ③ (*scient.*) adattare; acclimatare (animale o pianta in un ambiente). ④ rendere conforme a natura; rendere naturale // v.i. ① (*dir.*) naturalizzarsi. ② studiare il mondo della natura.

naturalizzare, v.t. (*dir.*) to naturalize // **naturalizzarsi,** v.i.pron. ① (*dir.*) to naturalize. ② (*scient.*) to become naturalized.

to negotiate [ni'gəuʃiˌeit], v.i. intavolare le trattative, trattare // v.t. ① negoziare, condurre le trattative per: *to negotiate a truce*, negoziare una tregua. ② (USA) superare (un ostacolo); riuscire (in un'impresa difficile); (*fam.*) farcela a: *to negotiate an assault course*, superare un percorso di guerra; *to negotiate a deep river*, riuscire nell'ardua impresa di attraversare un fiume dalle acque profonde. ③ (*fin.*) negoziare. ♦ *negotiating table*, tavolo dei negoziati.

negoziare, v.t. to negotiate (in tutti i significati).

nerve [nɜːv], s. ① nervo (anche *estens.*): *optic nerves*, nervi ottici; *he is respected for his calm and strong nerves*, è rispettato per la sua calma e i nervi saldi; *war of nerves*, guerra di nervi; *attack of nerves*, attacco di nervi; *he doesn't like rock music: it*

nervo, s. ① nerve. ② (*fam. tendine*) tendon, sinew. ③ (*bot.*) vein; nerve; rib. ④ (*di arco, arpa, etc.*) string. ♦ *avere i nervi*, (*fam.*) to be on edge (o to be nervy); *avere i nervi a pezzi*, to be a nervous wreck; *avere i nervi a posto* (o *saldi*), to have

gets on his nerves, non ama la musica rock: gli dà sui nervi. ② (*estens.*) forza, energia; sangue freddo; coraggio: *to lose one's nerve,* perdersi di coraggio; *under the pressure his nerve began to crack,* sotto la pressione incominciò a perdere il sangue freddo. ③ (*bot.*) nervatura. ④ (*fam.*) faccia tosta, sfrontatezza: *what a nerve!,* che faccia tosta!. ♦ *nerve gas,* gas nervino. → **nervo** // **nervous** ['nə:vəs], agg. ① nervoso (anche *fig.*): *nervous system,* sistema nervoso; *a nervous vibrant prose,* una prosa nervosa e scattante; *she has problems with her nervous child,* ha dei problemi con suo figlio perché è nervoso. ② ansioso; pauroso: *she is nervous about staying home alone,* ha paura di restare a casa da sola. ♦ *nervous breakdown,* esaurimento nervoso; (*fig.*) *nervous wreck(s),* un fascio di nervi. → **nervoso** // **nervy** ['nə:vi], agg. ① (GB) nervoso, agitato; ipersensibile: *after the death of her husband she is nervy,* dopo la morte del marito ha i nervi a pezzi. ② (USA) sfacciato, sfrontato; troppo sicuro di sé: *knowing he was unwelcome, he was nervy enough to come anyway,* sebbene sapesse che la sua presenza non era gradita, ha avuto la sfacciataggine (o faccia tosta) di venire ugualmente. Non esiste un omologo italiano.

sound nerves; *il tè eccita i nervi,* tea makes you nervy; *sta in piedi a forza di nervi,* he lives on his nerves // **nervoso,** agg. ① (*anat.*) nervous, nerve (*attr.*): *sistema nervoso,* nervous system; *centro nervoso,* nerve centre. ② (*irritabile*) irritable; short-tempered; (*fam.*) nervy; tense. ③ (*muscoloso*) muscular; sinewy: *gambe nervose,* muscular legs. ④ (*vigoroso, scattante*) vigorous, nervous: *prosa nervosa,* vigorous (o nervous) prose // *s.* ① irritability; bad temper. ② (*persona nervosa*) irritable person; highly strung person. ♦ *avere il nervoso,* to be on edge (o to be cross); *le tue lamentele mi fanno venire il nervoso,* your complaints get on my nerves.

to nominate ['nomineit], *v.t.* proporre (come candidato); designare: *he was nominated as Democratic candidate for Presidency,* è stato proposto come candidato democratico alla presidenza; *Geneva is nominated the centre for the next top summit conference,* Ginevra è designata sede della prossima conferenza al vertice. NON SIGNIFICA → **nominare** anche se, ormai, nominare nel senso di designare, per assimilazione con l'inglese, è entrato nell'uso.

nominare, *v.t.* ① (*dare il nome*) to name; to call. ② (*menzionare*) to mention: *mai sentito nominare!,* never heard of him (o of it)!; *anche se poco conosciuto come pittore è nominato in tutte le enciclopedie,* even though he is little known as a painter his name is mentioned in all encyclopaedias. ③ (*eleggere*) to appoint; (*designare*) to nominate: *lo hanno nominato amministratore delegato della sua società,* he has been appointed chief executive officer of his company.

notation [nou'teiʃən], s. ① notazione (il termine è usato in varie discipline: chimica, matematica, informatica, musica, etc.): *musical notation*, notazione musicale; *binary notation*, notazione binaria. ② (USA) annotazione, nota: *a notation in the margin*, una annotazione a margine. ③ (*neol.*) rappresentazione grafica: *dance notations*, rappresentazione grafica di una danza.

notion ['nouʃən], s. ① concetto; convinzione; impressione: *since your German is almost perfect I had a notion you were German by birth, not a Milanese as I am*, poiché il tuo tedesco è quasi perfetto, avevo l'impressione che tu fossi nato in Germania; invece sei un milanese come me. ② (*usato nelle frasi negative*) la più pallida idea, la minima idea: *I have no notion of where he went*, non ho la più pallida idea di dove sia andato; *he has no notion of justice*, non sa neanche che cosa sia la giustizia. ③ mezza idea, vaga intenzione: *I have a notion to call on him*, ho una mezza intenzione di andarlo a trovare. ④ (*pl.*) (USA) piccoli oggetti di merceria (aghi, spilli, fili, nastri, etc.). ♦ *to take a notion to do s.th.*, mettersi in testa di fare qc.

notorious [nou'tɔːriəs], *agg.* ① famigerato, tristemente noto; ben noto, notorio (sempre con una sfumatura ironica): *a notorious criminal*, un famigerato delinquente; *he is notorious for his arrogance*, la sua arroganza è ben nota a tutti. ② (*raro*) noto, rinomato: *notorious facts*, fatti noti.

novel ['nɔvəl], s. romanzo. NON SIGNIFICA → *novella* // **novelette** [,nɔvə'let], s. romanzetto rosa. NON SIGNIFICA → *novelletta* // **novelist** ['nɔvəlist] s. romanziere.

nubile ['njuːbail], *agg.* in età da marito; da maritare. NON SIGNIFICA → *nubile*.

notazione, s. ① marking; (*numerazione*) numbering: *notazione delle pagine (di un libro)*, numbering of pages (in a book). ② (*annotazione*) annotation; (*osservazione*) observation; remark: *fare delle notazioni molto acute*, to make some very acute observations. ③ (*mat. mus. chim.*) notation.

nozione, s. ① (*cognizione*) basic (o elementary) knowledge; (*concetto*) notion; concept. ② (*pl.*) first elements, rudiments; fundamentals: *nozioni di grammatica*, (first) elements of grammar. ③ (*percezione*) sense: *nozione del tempo*, sense of time. ④ (*fil.*) notion, idea. Proprio a causa del divario semantico fra notion (inglese) e nozione (italiano), il termine inglese, più vago come accezione, non ha dato origine ad una famiglia di derivati come "nozionismo" e "nozionistico" che si possono rendere in inglese solo per mezzo di una perifrasi. Fa testo in questo senso il Dizionario Sansoni della Lingua Inglese (1988) a cura di Vladimiro Macchi // **nozionismo,** s. superficial factual knowledge // **nozionistico,** *agg.* based on factual knowledge.

notorio, *agg.* well known; generally known; (*con valore ironico e implicazioni negative*) notorious: *il suo arrivismo sociale è notorio*, his social climbing is notorious; *la sua abilità di chirurgo è notoria*, his skill as a surgeon is well-known.

novella, s. (short) story; (*per ragazzi*) tale. ♦ *la Buona Novella*, the Gospel // **novelletta,** s. short story.

nubile, *agg.* single // s. single woman. Anche nella dichiarazione dello stato civile, al vecchio termine "spinster" si è sostituita la formula: "marital status: single".

O

obituary [ə'bitjuəri], *s.* necrologio; annuncio funebre: *the obituary page of the Times*, la pagina con gli annunci funebri del Times. NON SIGNIFICA → **obitorio.**

obscure [əb'skjuə*], *agg.* ① oscuro, scuro, cupo, tenebroso (*anche fig.*): *an obscure night*, una notte oscura; *that man, a stranger, had an obscure past*, quell'uomo, uno straniero, aveva un passato tenebroso. ② indistinto; vago e confuso: *we saw in the garden an obscure figure*, vedemmo in giardino una figura vaga e indistinta. ③ ambiguo, poco chiaro: *that was an obscure explanation*, è stata una spiegazione poco chiara. ④ remoto; nascosto: *obscure retreat*, un rifugio remoto; *an obscure village up the valley*, un villaggio remoto nel cuore della valle. ⑤ poco noto, oscuro, quasi sconosciuto: *my brother is still an obscure novelist*, mio fratello è un romanziere ancora poco noto. ⑥ oscuro, incomprensibile: *an obscure passage*, un brano di difficile comprensione; *the reasons he gave for not coming are obscure*, le spiegazioni che ha dato per non essere venuto sono oscure. ⑦ (*poet.*) delle tenebre: *the obscure bird clamoured the livelong night!*, l'uccello delle tenebre levò il suo grido alla notte eterna (Shakespeare). Può essere interessante far riferimento al romanzo di Thomas Hardy (*1896*) "Jude the Obscure" che è fra le opere più significative di

obitorio, *s.* ① morgue. Il termine è preso dal francese ed è l'antico nome dell'Istituto di Medicina Legale di Parigi. ② (*camera mortuaria*) mortuary.

oscuro, *agg.* ① dark, dim; (*cupo*) gloomy, sombre; obscure: *camera oscura*: I (*st.*) camera obscura. II (foto) (*macchina fotografica*) camera obscura, abbreviato comunemente in «camera»; (*stanza per lo sviluppo di materiale sensibile*) dark-room. ② (*difficile da capire*) obscure; difficult: *un testo oscuro*, an obscure (*o* difficult) text. ③ (*umile*) obscure; humble: *di oscuri natali*, of obscure origins // *s.* dark(-ness): *essere all'oscuro di qc.*, to be in the dark about s.th.; *tenere qd. all'oscuro di qc.*, to keep s.o. in the dark about s.th. // *oscurare, v.t.* ① to darken, to obscure; to dim; to cloud: *grosse nubi oscurarono il sole*, large clouds obscured the sun. ② (*fig.*) to bedim; to overshadow: *oscurare la fama di qd.*, to overshadow s.o.'s fame. ③ (*contro le incursioni aeree*) to black out // *oscurarsi, v.i.pr.* ① to darken, to cloud over. ② (*fig.*) to darken; (*rif. alla vista*) to grow dim; (*rif. alla mente*) to cloud // *oscurità, s.* ① darkness; dimness. ② (*fig.*) obscurity.

questo scrittore. L'edizione italiana porta il titolo fuorviante di "Giuda l'oscuro" che non descrive questo personaggio "tenebroso" → *oscuro* // **to obscure**, *v.t.* ① oscurare; rendere oscuro: *the sight of the valley was obscured by the fog*, la vista della valle era oscurata dalla nebbia. ② (*fig.*) adombrare; mettere in ombra: *a success that obscured his earlier failures*, un successo che ha adombrato i suoi precedenti insuccessi. ③ nascondere alla vista; coprire; eclissare: *the view was obscured by the trees*, gli alberi nascondevano il panorama; *words that obscure the truth*, parole che nascondono la verità; *the sound of her voice was obscured by the crowd*, il rumore della folla copriva il suono della sua voce → *oscurare* // **obscurity** [əb'skjuəriti], *s.* ① mancanza di notorietà; oscurità; anonimato; (*estens.*) oblio: *from obscurity to sudden renown*, dall'anonimato alla fama improvvisa; *to disappear into obscurity*, cadere nell'oblio. ② oscurità; tenebre. ③ difficoltà; incomprensibilità. → *oscurità.*

observant [əb'zə:vənt], *s.* ① dotato di spirito d'osservazione; perspicace: *he was an observant newsman, no doubt*, senza dubbio è stato un giornalista dotato di spirito d'osservazione. ② guardingo, cauto: *if you were more observant, you wouldn't make these mistakes*, se tu fossi stato più guardingo, non avresti commesso questi errori. ③ osservante: *observant of the rules of etiquette*, osservante delle regole dell'etichetta.

osservante, *agg.* ① punctilious; observant. ② (*rel.*) (*di un cristiano*) church-going; (*di altre religioni*) practising // *s.* (*cristiano*) church-goer; (*fedele di altre religioni*) a practising Jew, etc. ♦ *cittadino osservante delle leggi*, a law-abiding citizen.

to occur [ə'kə:*], *v.i.* ① accadere; verificarsi; succedere; capitare: *it's an event that occurred when I was a child*, è un avvenimento che si è verificato quando ero bambino. ② essere presente; trovarsi; esistere (in natura): *fish occur in most waters*, i pesci sono spesso presenti nell'acqua. ③ venire in mente: *the idea of*

occorrere, *v.i.* to need (*costr.pers.*); to require (*costr.pers.*); (*di tempo*) to take (*costr.impers.*): *se ti occorre il mio aiuto, fammelo sapere*, if you need my help, let me know; *per fare questa gonna a pieghe occorrono 4 m di stoffa*, to make this pleated skirt, you will need 4 metres of material; *per andare da Milano a*

visiting China never occurred to me, non mi è mai balenata per la mente l'idea di visitare la Cina. NON SIGNIFICA → *occorrere.*

Torino in macchina occorrono quasi due ore, to reach Turin by car, from Milan, it takes almost two hours // *v.imp.* (*con il significato di dovere, ma meno categorico*) to have to; to be necessary; (*nelle frasi negative*) to need: *non occorre che tu sia presente alla riunione,* it is not necessary for you to attend (*o* you needn't attend) the meeting; *non occorre che tu chiuda le finestre:* I (*perché non c'è pericolo*) you don't have to shut the windows. II (*perché è già stato fatto*) you needn't shut the windows.

odyssey ['ɔdisi], *s.* lungo viaggio avventuroso; peripezie (di viaggio). ♦ *the voracious reading odysseys of his childhood,* la vorace curiosità intellettuale delle sue letture giovanili. NON SIGNIFICA → *odissea* in senso traslato.

odissea, *s.* a long series of grievous events. Questo è il significato più comune del termine italiano. Se invece dal contesto emerge l'aspetto avventuroso di una vita, si può usare il termine *odyssey.*

to offend [ə'fend], *v.t.* ① urtare la sensibilità di; provocare la suscettibilità di; recare offesa a: *her brusqueness offends many people,* la sua rudezza urta la sensibilità di molte persone. ② risultare sgradevole a; dare noia a; offendere: *ugly buildings that offend the eye,* orrendi edifici che offendono la vista // *v.i.* ① essere offensivo, costituire un'offesa: *bad manners may offend,* le cattive maniere possono essere offensive. ② trasgredire, contravvenire (+ *against*): *to offend against the law,* contravvenire alla legge.

offendere, *v.t.* ① to offend; to insult; (*oltraggiare*) to affront: *si sono sentiti offesi dal suo comportamento,* they felt insulted by his behaviour. ② (*urtare la sensibilità*) to offend, to hurt (s.o.), to hurt (s.o.'s feelings): *spero che i miei commenti avventati non vi abbiano offeso,* I hope my rash comments didn't hurt your feelings. ③ (*violare*) to offend (against): *offendere la legge,* to offend against (*o* to break) the law. ④ (*danneggiare*) to damage; to hurt; to offend: *offendere l'udito,* to offend the ear // *offendersi* *v.i.pr.* to be offended (at s.th.); to take offence (at s.th.); to be hurt (by s.o. *o* s.th.); to take exception (to s.th.).

officer ['ɔfisə*], *s.* ① ufficiale: *officer of the day,* ufficiale di giornata. ② (USA) funzionario (di un ente governativo); funzionario (impiegato con mansioni direttive in una società privata): *bank officer,* funzionario di banca. ③ agente di polizia, poliziotto.

ufficiale, *s.* officer (anche *mil.*): *ufficiale effettivo,* regular officer. ♦ (*mar.*) *primo ufficiale,* first mate; *ufficiale sanitario,* health officer; *ufficiale giudiziario,* bailiff; *ufficiale di stato civile,* registrar.

officious [ə'fiʃəs], *agg.* ① invadente, intrigante, impiccione: *I like your friend because he is helpful but not officious*, mi piace il tuo amico perché è sempre disposto a dare una mano senza essere invadente. ② (*dipl.*) ufficioso.

opuscule [ɔ'pʌskju:l], *s.* opera (letteraria) minore. NON SIGNIFICA → *opuscolo.*

oratory[1] ['ɔrətəri], *s.* oratoria: *he was skilled in Parliamentary oratory*, era un maestro nell'oratoria parlamentare. ■ **oratory**[2] *s.* piccola cappella privata. NON SIGNIFICANO → *oratorio.*

orchestra ['ɔ:kistrə], *s.* orchestra (anche *st.*): *the New York Philharmonic Orchestra*, l'Orchestra Filarmonica di New York. ♦ *orchestra stalls*, poltronissime (anche nei teatri di prosa); *orchestra music*, musica per orchestra; *orchestra pit*, buca dell'orchestra (detta "golfo mistico" in taluni teatri d'opera italiani).

ordinary ['ɔ:dinəri], *agg.* ① ordinario; consueto; solito; normale: *an ordinary day*, un giorno come tutti gli altri; *this is the ordinary way to go to the office*, questa è la strada che faccio di solito per andare in ufficio. ② comune; mediocre; insignificante: *ordinary people*, gente comune; *ordinary crimes*, delitti comuni; *she is pretty enough, but very ordinary*, è abbastanza graziosa, ma molto insignificante. ♦ *ordinary degree*, diploma di laurea con buoni voti (ma senza la lode); (USA) *ordinary seaman*, marinaio semplice (nella Marina Mercantile); (*dir.*) *ordinary care*, diligenza del buon padre di famiglia; *ordinary creditor*, creditore chirografario; *ordinary shares*, azioni ordinarie; *ordinary working hours*, normale orario lavorativo // *s.* ① condizione ordinaria; condizione normale: *he gave me something a little out of the ordinary*, mi ha dato

ufficioso, *agg.* unofficial, semiofficial; (*raro*) officious.

opuscolo, *s.* ① booklet; (*politico*) pamphlet. ② (*in pubblicità*) brochure.

oratorio, *s.* ① prayerhouse. ② (*per l'insegnamento della dottrina*) Sunday school. ③ (*mus.*) oratorio.

orchestra, *s.* ① (*mus.*) (anche *st.*) orchestra: *orchestra d'archi*, string orchestra. ② (*di musica non classica*) band: *orchestra jazz*, jazz band. ♦ *direttore d'orchestra*, conductor.

ordinario, *agg.* ① (*comune, normale*) ordinary; usual; routine (*attr.*): *tariffa ordinaria*, ordinary rate; *spese ordinarie*, ordinary expenses; *lavoro ordinario*, routinejob. ② (*di qualità scadente*) poor: *stoffa ordinaria*, poor material. ③ (*grossolano*) rough; (*volgare*) vulgar; common: *modo di fare ordinario*, rough manners (o *common ways*); *gente ordinaria*, common people. ♦ *socio ordinario*, regular (o dues-paying) member; *cosa di ordinaria amministrazione*, routinematter; (*professore*) *ordinario:* I (*nelle scuole superiori*) teacher (on the permanent staff). II (*nelle università*) (full) professor. Queste sono soltanto delle spiegazioni e non delle traduzioni, dato che l'ordinamento scolastico dei paesi anglosassoni (GB e USA) differisce in modo radicale da quello italiano // *s.* ① ordinary: *fuori dall'ordinario*, qc. un po' fuori dal normale. ② magistrato (*ordinario*); vescovo (*ordinario*). ③ (*rel.*) ordinario (parti invariabili della Messa).

ornate [ɔːˈneit], *agg.* ① sovraccarico di ornamenti; eccessivamente decorato; pieno di fronzoli: *an ornate bracelet in gold*, un braccialetto d'oro pesantemente lavorato. ② (*di stile*) ricercato; ridondante; retorico: *ornate lettering*, calligrafia ricercata (*piena di svolazzi*).

ostensible [ɔsˈtensəbl], *agg.* ① apparente; addotto con il pretesto di nascondere un'intenzione reale (sono possibili altre traduzioni che possono emergere da una particolare situazione): *the ostensible purpose of his trip to the States was a visit to his clients, but I am inclined to think he wanted to meet some old friends of his*, il motivo da lui addotto per andare negli Stati Uniti era di visitare i suoi clienti, ma sono incline a credere che volesse incontrarsi con i suoi vecchi amici. ② falso; finto; simulato; ostentato: *his ostensible kindness makes me feel uneasy as I know exactly what he has in mind*, la sua ostentata cortesia mi sconcerta dato che so esattamente che cosa ha in mente. NON SIGNIFICA → **ostensibile**.

ostrich [ˈɔstritʃ], *s.* (*zool.*) struzzo. ♦ (*fig.*) *ostrich attitude*, politica dello struzzo. NON SIGNIFICA → **ostrica**.

outrageous [autˈreidʒəs], *agg.* ① oltraggioso; offensivo: *outrageous language*, un linguaggio offensivo; *outrageous words*, parole oltraggiose. ② eccessivo; scandaloso; che offende il comune senso del pudore: *an outrageous behaviour*, un comportamento scandaloso; *outrageous clothes*, vestiti che offendono il pudore. ③ (*di prezzi*) sproposito; folle; esagerato; eccessivo: *she spends*

out of the ordinary; unusual; exceptional: *è una ragazza di una bellezza fuori dall'ordinario*, she is a girl of exceptional beauty. ② (*rel.*) ordinary. ③ (*docente*) → *agg.* (fraseologia).

ornato, *agg.* ① decorated (with); adorned (with); trimmed (with): *ornato di pizzi*, trimmed with laces. ② (*di stile*) (*forbito*) ornate, refined; (*immaginoso*) flowery: *stile ornato*, flowery style.

ostensibile, *agg.* (*arcaico*) that can be shown (on request).

ostrica, *s.* oyster.

oltraggioso, *agg.* insulting; offensive; outrageous: *parole oltraggiose,*, insulting (*o* outrageous) language.

an outrageous amount on clothes,
spende delle cifre folli in vestiti; *the
repair bill was simply outrageous,* il
conto per le riparazioni era veramente spropositato. ♦ *outrageous
weather,* tempo infame; *outrageous
murder,* delitto efferato.

overture ['əuvə,tjuə], *s.* ① (*mus.*) ou-
verture. ② (*estens.*) prologo, proe-
mio (di una composizione in versi).
③ (*fig.*) preludio: *I sensed this was
the overture to a better understanding,* ebbi la netta sensazione che fos-
se un preludio ad una migliore comprensione. ④ (*pl.*) proposte, profferte; approcci: *overtures of friendship,*
proposte d'amicizia; *romantic overtures,* profferte amorose.

P

palette ['pælit], *s.* (*termine france-se*) ① tavolozza. ② (*estens.*) gamma cromatica: *an effective painter with a limited palette*, un pittore efficace con una gamma cromatica limitata. NON SIGNIFICA → **paletta**.

paraffin ['pærəfin], *s.* ① (GB) petrolio; cherosene: *paraffin lamp*, lampada a petrolio. ② (USA) paraffina. ♦ (GB) *paraffin wax*, paraffina.

paragon ['pærəgən], *s.* ① modello (di perfezione); esempio; campione: *a paragon of virtue*, un modello di virtù; *we can't expect strip-teasers to be moral paragons*, non possiamo pretendere che le spogliarelliste siano dei modelli di virtù. ② diamante della più bell'acqua (di almeno 100 carati). ③ grossa perla perfettamente sferica. ④ (*tip.*) corpo 20. NON SIGNIFICA → **paragone**.

parcel ['pɑ:sl], *s.* ① pacco, pacchetto: *a parcel of books*, un pacco di libri. ② (*comm.*) partita, lotto: *parcel of goods*, partita di merci. ③ appezzamento: *a parcel of land*, un appezzamento di terreno. ④ (*estens.*) gruppo; branco; accolita: *a parcel of fools*, un branco (o accolita) di idioti. ♦ (*econ.*) *parcel of shares*, pacchetto azionario; *parcel office*, ufficio (ricevimento e consegna) pacchi postali; *part and parcel*, parte essenziale. NON SIGNIFICA → **parcella**.

paletta, *s.* ① (*per il focolare*) (fireside) shovel; (*per giocare*) spade; (*per servire i dolci*) (cake) server; (*per la spazzatura*) dustpan. ② (*segnaletica*) stick. ♦ *paletta del giardiniere*, garden trowel.

paraffina, *s.* (GB) paraffin wax; (USA) paraffin.

paragone, *s.* comparison: *fare un paragone fra due periodi storici*, to make a comparison between two periods in history; *termine di paragone*, comparison term. ♦ *a paragone di*, in comparison with (o compared with); *non c'è nessun paragone fra...*, there is no comparison between...; *reggere al paragone*, to bear (o stand) comparison; *senza paragone*, beyond comparison (o unequalled); *pietra di paragone*, touchstone (anche *fig.*).

parcella, *s.* bill (of costs); fee: *parcella di un avvocato*, counsel's fee (o bill of costs).

parent ['pɛərənt], s. ① genitore, genitrice: *his parents live abroad*, i suoi genitori vivono all'estero. ② (*estens.*) antenato, progenitore. ③ (*fig.*) causa prima. ♦ *parent company*, casa (*o* società) madre. NON SIGNIFICA → *parente*.

parochial [pə'roukiəl], *agg.* ① provinciale; campanilistico; ristretto: *this is a narrow and parochial view*, questo è un punto di vista meschino e limitato. ② (*raro*) parrocchiale.

parol ['pærəl], s. (*dir.*) *by parol*, per testimonianza (*o* dichiarazione) verbale. ♦ *parol contract*, contratto verbale. NON SIGNIFICA → *parola*.

parole [pə'roul], s. ① (*dir.*) libertà vigilata: *on parole*, in libertà vigilata. ② durata della libertà vigilata. ③ (*mil.*) parola d'ordine. ④ parola d'onore: *to keep one's parole*, mantenere la parola.

parente, s. relation; relative: *parenti stretti*, near (*o* close) relations; *parenti alla lontana*, distant relations; *parenti acquisiti*, relatives by marriage (*o* in-law).

parrocchiale, *agg.* parish (*attr.*); (*raro*) parochial: *casa parrocchiale* (*o parrocchia*), parish house.

parola, s. ① word: *cercare una parola sul dizionario*, to look up a word in the dictionary. ② (*facoltà di parlare*) speech: *il dono della parola*, the gift of speech; *perdere la parola*, to lose the power (*o* faculty) of speech; *avere la parola facile*, to have the gift of the gab; *libertà di parola*, freedom of speech. ③ (*permesso di parlare*) leave (*o* permission) to speak: *chiedere la parola*, to ask leave to speak. ④ (*menzione*) mention: *non fare parola di qc.*, not to mention s.th. (*o* to hold one's tongue). ⑤ (*promessa, impegno*) word: *un uomo di parola*, a man of his word; *essere di parola*, to keep one's word. ⑥ (*pl.*) (*chiacchiere*) talk, words: *non sono altro che parole!*, that's only talk. ⑦ (*mus.*) (*testo*) words; (*di canzonetta*) lyrics. ⑧ (*informatica*) word: *parola chiave*, keyword; *parola di identificazione*, call word. ♦ *dare la parola a qd.*, I to give s.o. leave to speak (*o* to call upon s.o. to speak); II (*pol.*) to give s.o. the floor; *gioco di parole*, pun; *parole grosse*, insults; *corsero parole grosse fra di loro*, they had words; *parole incrociate*, crossword puzzle; *parola d'onore*, word of honour (*o* parole); *prendere la parola*, to begin to speak; (*pol.*) , to take the floor; *rimangiarsi la parola (data)*, to go back on one's word; *rivolgere la parola a qd.*, to speak to s.o. (*o* to address s.o.); *non ho parole!*, I can't thank you enough; *restare senza parole*, to be dumbfounded (*o* left speechless); *è una parola!*, it's easier said than done; *parola d'ordine*, password (*o* parole).

parsimonious [ˌpɑːsiˈmouniəs], *agg.* ① (*forma eufemistica*) avaro, tirchio, spilorcio: *an old man strict and parsimonious*, un vecchio austero e avaro. ② (*raro*) parsimonioso.

parsimonioso, *agg.* ① (*oculato nello spendere*) thrifty; frugal; sparing: *una persona parsimoniosa*, a thrifty person; *abitudini parsimoniose*, frugal habits. ② (*eufemismo per avaro*) parsimonious.

to part [pɑːt], *v.t.* dividere (in due parti); separare; ripartire; suddividere: *to part two fighting men*, separare i due contendenti; *to part one's hair*, pettinarsi con la scriminatura // *v.i.* ① dividersi in due; aprirsi; spaccarsi in due parti: *the curtain parted in the middle*, il sipario si è aperto (nel mezzo). ② (*fig.*) dividersi, separarsi, lasciarsi: *let's part as friends*, lasciamoci da amici. ③ biforcarsi; prendere direzioni diverse: *the road parts in the forest*, la strada si biforca nella foresta. ④ (*raro*) morire: ♦ *to part company*, separarsi (in modo definitivo); andarsene ognuno per la propria strada; *to part with s.th.*: separarsi da qc. che ci è caro (se denaro, si può tradurre "sborsare"; se si parla di un oggetto, "privarsi di"). NON SIGNIFICA → **partire**.

partire, *v.i.* ① to leave; to set out; (*negli orari di treni, bus, etc.*) to depart: *partire in treno, nave, aereo*, to leave by train, by ship, by plane. ② (*avere inizio*) to start (anche *fig.*): *il viale parte dalla piazza principale*, the alley starts from the main square; *partire da un presupposto sbagliato*, to start from a wrong (*o* mistaken) assumption. ♦ *si parte!*, off we go!; *far partire (una macchina)*, to start a car; (*fam.*) *essere partito*: I (*essere innamorato*) to be head over heels in love (with s.o.). II (*essere brillo*) to be high.

particular [pəˈtikjulə*], *agg.* ① particolare; preciso; specifico: *this particular detergent is better than those you generally use*, questo particolare detersivo è migliore rispetto a quelli che tu usi normalmente; *he asked me about one particular author*, mi ha fatto delle domande su uno scrittore ben preciso; *in particular*, in modo particolare; in modo specifico. ② speciale, particolare, eccezionale: *they took particular care to meet our requirements*, si sono adoperati in modo speciale per

particolare, *agg.* ① particular; (*speciale*) special: *un aspetto particolare del problema*, a particular aspect of the problem; *significato particolare*, special meaning; *un caso particolare*, a special (*o* particular) case; *saluti particolari a...*, special wishes to...; *nulla di particolare*, nothing special (*o* important). ② (*strano, insolito*) peculiar, odd; (*fam.*) of one's own: *questo whiskey ha un gusto particolare*, this whiskey has an unusual taste (*o* a taste of its own); *è un tipo particolare*, he

venire incontro alle nostre esigenze; *they fought with particular ferocity*, hanno combattuto con una ferocia eccezionale. ③ selettivo; pignolo; meticoloso; esigente: *she is very particular about what she wears*, è molto esigente nella scelta dei capi da indossare; *he is very particular about punctuality*, tiene molto alla puntualità. ④ (*raro*) minuzioso, dettagliato: *a full and particular account of the events*, un resoconto esauriente e dettagliato degli eventi // *s.* ① particolare: *from the universal to the particular*, dall'universale al particolare. ② (*pl.*) dati particolari. ③ (*pl.*) generalità. ♦ *anything* (o *anyone*) *in particular*, qc. (o qd.) in particolare.

patent ['peitənt], *s.* ① brevetto: *patent infringement*, contraffazione di un brevetto; *patent office*, ufficio brevetti; *patent law*, diritto brevettuale. ② invenzione tutelata da un brevetto. ③ concessione; patente. ♦ *patent of nobility*, decreto che conferisce un titolo nobiliare; *patent leather*, pelle verniciata: *patent leather shoes*, scarpe di vernice; *patent medicine:* I specialità farmaceutica. II (*estens.*) medicamento empirico (di composizione segreta, venduto a scopo di lucro da persone non abilitate alla professione medica).

patron ['peitrən], *s.* ① mecenate; protettore: *a patron of the arts*, un protettore delle arti. ② "sponsor"; patrocinatore: *this chamber orchestra has the Lord Mayor as its patron*, questa orchestra da camera è sotto il patrocinio del Sindaco. ③ cliente (di un locale, negozio, ristorante, *pub*, etc.): *a regular patron*, un cliente abituale; *patrons are requested not to smoke*, si prega la gentile clientela di non fumare. ④ "patron" (padrone di una locanda, ristorante, bar, spec. in Francia). ⑤ (*rel.*) patrono.

is a peculiar guy; *mi lanciò un'occhiata particolare*, he gave me a peculiar look. ③ (*eccezionale*) exceptional, special: *ha una particolare disposizione per le lingue*, he has an exceptional flair for languages. ♦ *segni particolari* (*nei documenti d'identità*), special identification marks; *essere molto particolare:* I (*di persona*) to be unusual. II (*di cose, stile, comportamento, etc.*) to be very distinctive // *s.* detail; particular: *scendere nei particolari*, to go into detail.

patente, *s.* licence; permit. ♦ *patente di guida*, driving licence; (*fig.*) *dare a qd. la patente d'idiota*, to brand s.o. as a downright fool.

patrono, *s.* ① (*santo*) patron (saint). ② (*patrocinatore*) patron, sponsor. ③ (*eccl.*) patron. ④ (*dir.*) counsel (for the defence).

pavement ['peivmənt], s. ① marciapiede. ② lastricato, selciato, pavimentazione stradale. ♦ *pavement artist*, madonnaro (chi fa disegni con il gesso sui marciapiedi per ricevere soldi dai passanti); *pavement light*, lucernario a livello stradale (per illuminare scantinati, sotterranei, etc.). NON SIGNIFICA → *pavimento*.

pavimento, s. floor: *pavimento di mattonelle*, tiled floor.

peculiar [pi'kju:liə*], *agg.* ① strano, bizzarro, originale, eccentrico: *he was wearing a peculiar suit*, indossava un abito bizzarro; *peculiar habits*, abitudini strane. ② peculiare, caratteristico; tipico: *this style of decoration is peculiar to Art Nouveau*, questo stile decorativo è caratteristico del Liberty; *customs peculiar to France*, usanze tipicamente francesi. ③ unico, speciale; particolare: *a matter of peculiar interest*, una faccenda di particolare interesse.

peculiare, *agg.* peculiar (to); characteristic (of); particular: *ha un modo di comportarsi del tutto peculiare*, a way of behaving peculiar to him.

pentagram ['pentəgræm], s. pentagono stellato (stella a cinque punte usata come simbolo esoterico dai Pitagorici e successivamente nelle arti magiche). NON SIGNIFICA → *pentagramma*.

pentagramma, s. (*mus.*) (GB) stave; (USA) staff.

penury ['penjuəri], s. (*lett.*) ① povertà estrema; indigenza; condizione di estremo bisogno. ② (*raro*) mancanza delle principali risorse (di un territorio o paese). NON SIGNIFICA → *penuria*.

penuria, s. shortage; deficiency, lack: *penuria d'acqua*, water shortage; *penuria di materie prime*, lack of raw materials.

perfidy ['pə:fidi], s. (*lett.*) slealtà; tradimento; azione proditoria. NON SIGNIFICA → *perfidia*.

perfidia, s. wickedness; malice.

period ['piəriəd], s. ① periodo; lasso di tempo: *a ten-year period of peace*, un periodo di pace di dieci anni; *a period of two days*, un lasso di tempo di due giorni; *Picasso's blue period*, il periodo blu di Picasso. ② (*comm.*) periodo contabile; esercizio. ③ èra, epoca (anche *geol.*): *the Middle Ages and other remote*

periodo, s. ① period (anche *geol.*): *nel periodo post-bellico*, in the post war period. ② (*estens.*) age; time: *ha vissuto in America per un lungo periodo*, he lived in the States for a long time; *il periodo d'oro della pittura rinascimentale*, the golden age of Renaissance painting. ③ (*gramm.*) period, sentence. ♦ *perio-*

periods of time, l'età medievale e altre epoche remote. ④ (*fis.astron.*) ciclo, fase. ⑤ fine, termine: *death put a period to his life*, la morte ha posto termine alla sua vita. ⑥ intervallo (di tempo): *the rainy weather had sunny periods*, il tempo piovoso ha avuto brevi intervalli di sole. ⑦ ora (di lezione): *history period*, lezione di storia; *in my school we had four periods of English a week*, nella mia scuola avevamo quattro ore di inglese alla settimana. ⑧ (*sport*) tempo (di un incontro). ⑨ (*med.*) fasi di una malattia. ⑩ (*med.*) mestruazioni, ciclo mestruale. ⑪ (USA) punto (segno di interpunzione). ⑫ (*stilistica*) (modo di) periodare. ⑬ (*attr.*) d'epoca: *period furniture*, mobili d'epoca; *period costume*, costume d'epoca. ♦ (*comm.*) *period bill*, cambiale a scadenza predeterminata; (USA) (*fam.*) *he hates cats. Period.*, odia i gatti. Punto e basta (*o* e con questo è chiusa la faccenda).

do di massimo splendore, climax; *periodo elettorale*, election time; *periodo di preavviso*, (period of) notice; *periodo di prova:* I (*di impiegati*) trial (*o* probationary) period; II (*di macchinari*) testing period; *in questo periodo* (*adesso*), at the moment.

perverse [pə'və:s], *agg.* ① ostinato, cocciuto: *perverse desire*, desiderio folle e irriducibile di fare qc. (pur conoscendo le conseguenze negative). ② perverso, pervertito (nel comportamento sessuale). ③ ribelle: *perverse to authority*, ribelle nei confronti di ogni autorità. ④ ingiusto, iniquo: *a perverse verdict*, un verdetto iniquo. ⑤ bastian contrario, dotato di spirito di contraddizione: *a perverse child*, un bambino che per spirito di contraddizione risponde sempre di "no".

perverso, *agg.* wicked; perverse.

to pervert [pə'və:t], *v.t.* ① pervertire; corrompere: *he was accused of perverting youth*, fu accusato di pervertire i giovani. ② (*estens.*) sviare; travisare: *to pervert the course of justice*, sviare il normale corso della giustizia; *to pervert the meaning of a word*, travisare (con finalità illecite) il significato di una parola. ③ usare a mal fine; mettere a cattivo uso; degradare // **pervert** ['pə'və:t], *s.* pervertito, depravato.

pervertire, *v.t.* to pervert // **pervertito**, *s.* **pervert**.

pest [pest], *s.* ① parassita (*o* animale di piccola taglia) nocivo alle colture. ② (*fig.*) seccatore, rompiscatole; (*di bambini*) peste: *that boy is too much of a pest,* quel ragazzino è una vera peste. ③ (*st.*) peste, pestilenza. ♦ *pest control,* disinfestazione; *pest house,* lazzaretto (per le vittime della peste) // **pesticide** ['pestisaid], *s.* insetticida, pesticida.

peste, *s.* ① plague; (*lett.*) (anche *fig.*) pestilence: *faresti meglio a evitarlo come la peste,* you'd better avoid him like the plague. ② (*rovina*) curse: *la peste della corruzione,* the curse of corruption. ③ (*bambino vivace*) pest. ④ (*lezzo*) stench. ♦ (*st.*) *peste nera,* Black Death; *dire peste e corna di qd.,* to tear s.o. to shreds.

petrol ['petrəl], *s.* (GB) benzina. ♦ *petrol station,* stazione di servizio; *petrol bomb,* bottiglia Molotov. Non SIGNIFICA → *petrolio.*

petrolio, *s.* ① petroleum, (crude) oil. ② (*per illuminazione*) (GB) paraffin; (USA) kerosene: *lampada a petrolio,* paraffin lamp; *trovare il petrolio,* to strike oil.

petulant ['petjulənt], *agg.* irascibile, irritabile, permaloso: *he gets petulant over very small matters,* si irrita facilmente per cose di poco conto. Non SIGNIFICA → *petulante.*

petulante, *agg.* ① impertinent, brash; (*fam.*) cheeky. ② (*irritante*) tiresome; irritating: *a volte riesce ad essere una bambina molto petulante,* she can be a very tiresome child at times.

phrase [freiz], *s.* ① locuzione; proposizione; espressione (verbale); frase idiomatica: *a well turned phrase,* un'espressione ben tornita; *I can't translate "perverse" by a single word: I have to use a whole phrase,* non è possibile tradurre "perverse" con una sola parola: devo fare ricorso a una perifrasi. ② (*estens.*) chiacchiere, parole: *I've had enough of phrases,* ne ho abbastanza delle chiacchiere; *deed, not phrase!,* fatti e non parole! ③ modo di esprimersi; periodare: *I like his turn of phrase,* mi piace lo stile del suo periodare. ④ (*mus.*) frase. ♦ *as the phrase goes,* come si suol dire; *a catch-phrase,* una frase fatta (tipica di una persona nel mondo dello spettacolo. Es.: "Allegria!!" di Mike Buongiorno); *phrase book,* manuale di fraseologia; *stock phrase,* frase fatta, cliché.

frase, *s.* ① (*gramm.*) clause; (*locuzione*) phrase; (*periodo*) sentence: *frase fatta,* stock phrase, idiom; (*banalità*) platitude; *frase principale (di un periodo),* main clause of a sentence. ② (*modo di esprimersi*) phrase, expression: *trovare la frase giusta,* to find the right expression. ③ (*mus.*) phrase.

physic ['fizik], s. (termine letterario e ora poco usato) ① farmaco, medicina. ② lassativo, purgante. ③ (arcaico) (la) professione medica. NON SIGNIFICA → **fisica** // **physician** [fi'ziʃən], s. medico generico. Il termine è antiquato in GB; è ancora usato in USA, talvolta con il significato di "guaritore".

pirate ['paiərit], s. ① pirata. ② nave pirata. ③ (neol.) pirata (si dice di edizione di libro, disco, nastro registrato, cassetta, videoclip, prodotti e venduti senza l'autorizzazione di chi ne detiene il copyright). ④ (in senso assoluto) radio portatile. ♦ pirate airline, compagnia aerea "pirata" (vale a dire che offriva tariffe di gran lunga inferiori a quelle della concorrenza prima della "deregulation" in questo settore).

platform ['plætfɔːm], s. ① tribuna, podio, palco: the speaker mounted the platform, l'oratore è salito sul palco; she led the speaker to the platform, accompagnò l'oratore sulla tribuna. ② (estens.) le persone che siedono in tribuna; gli oratori. ③ (ferr.) marciapiede; binario: which platform does your train leave from?, da quale binario parte il tuo treno?; the Rome train is now on platform one, il treno per Roma è ora al primo binario. ④ vestibolo posteriore; piattaforma (di carrozza ferroviaria o autobus) dalla quale i candidati USA parlavano alla folla durante le campagne elettorali itineranti. ⑤ (pol.) piattaforma (nel senso di programma politico o di pacchetto di rivendicazioni sindacali). ⑥ (pl.) zatteroni (scarpe con suola ortopedica). ♦ (ferr.) platform car, pianale (carro senza sponde); oil platform, piattaforma per l'estrazione del petrolio; platform balance, stadera a ponte; platform scale, bascula.

fisica, s. physics (con costruzione sing.) // **fisico**, agg. physical: leggi fisiche, physical laws; dolore fisico, physical pain // s. ① (studioso di fisica) physicist. ② (corpo umano) constitution; (corporatura) figure, build; (rif. ad atleti) physique: un fisico robusto, a strong constitution; quella indossatrice ha un bel fisico, that model has a beautiful figure.

pirata, s. ① pirate. ② (fig.) shark. ♦ pirata dell'aria, hijacker; pirata della strada, hit-and-run driver.

piattaforma, s. ① (tec.) platform: piattaforma di carico, loading platform. ② (pol.) platform. ③ (per i tuffi) diving board. ♦ (mil.) piattaforma di tiro, firing base; (missilistica) piattaforma di lancio, launching pad; (geol.) piattaforma continentale, continental shelf.

poem ['pouim], *s.* ① poesia: *a selection of Blake's poems*, una scelta di poesie di Blake. ② (*estens.*) poema: *a prose poem*, un poema in prosa. ♦ (*mus.*) *tone poem*, poema sinfonico.

poema, *s.* ① poem: *poema epico*, epic (poem). ② (*scherz.*) (*scritto importante*) epic. ③ (*cosa buffa*) riot: *il cappellino che indossava era un poema*, the small hat she was wearing was a riot.

to polish ['pɔliʃ], *v.t.* ① lucidare, lustrare, tirare a lucido: *this is a good cream for polishing shoes*, questo è un ottimo lucido per le scarpe. ② (*fig.*) perfezionare; raffinare; migliorare; (*estens.*) ingentilire; rendere elegante: *polished manners*, ´modi distinti; *he polished his piano technique*, ha raffinato la sua tecnica pianistica // *v.i.* ① diventare lucido; diventare brillante. ② raffinarsi, migliorare. ♦ *to polish off:* I (*rif. a cibo*) spazzar via; divorare: *to polish off a meal*, divorare un pasto. II sbarazzarsi di: *he polished off his enemies*, si è sbarazzato dei suoi nemici. III portare a termine rapidamente; sbrigare un lavoro. NON SIGNIFICA → *pulire*.

pulire, *v.t.* ① to clean; (*lavando*) to wash; (*strofinando*) to wipe; to brush: *pulirsi la bocca*, to wipe one's mouth; (*a secco*) to dry clean. ② (*sbucciare*) to peel. ③ (*togliere le erbacce*) to weed.

popular ['pɔpjulə*], *agg.* ① popolare; del popolo: *popular opinion*, opinione del popolo; *popular prejudices*, pregiudizi popolari; *entertainments at popular prices*, spettacoli a prezzi popolari; *popular press*, stampa popolare. ② apprezzato; benvoluto; popolare: *he is very popular with his patients*, è molto apprezzato dai suoi pazienti; *a man who is popular with his neighbo(u)rs*, un uomo molto benvoluto dai vicini; *a popular idea*, un'idea brillante (nel senso che viene accettata con entusiasmo); *a popular actor*, un attore popolare. ③ divulgativo; per il grande pubblico; volgarizzato: *popular science*, la scienza spiegata al popolo; *popular articles on medical subjects*, articoli di divulgazione medica. ♦ *pop(ular) music*, musica leggera.

popolare, *agg.* ① (*del popolo*) popular; of the (common) people; people's: *la sovranità popolare*, the sovereignty of the people; *Repubblica Popolare Cinese*, People's Republic of China. ② (*destinato al popolo*) working-class: *quartiere popolare*, working-class area; *case popolari*, working-class housing. ③ (*di tradizioni, etc.*) folk; popular: *musica popolare*, folk music; *danze popolari*, folk dancing; *ballate popolari*, popular ballads. ④ popolare; conosciuto da molti: *un attore popolare*, a popular actor. ♦ (*dir.*) *giudice popolare*, juryman.

portent ['pɔːtent], *s.* ① segno premonitore, presagio; anticipazione (con valore profetico): *a vision of dire portent*, una visione premonitrice di eventi funesti; *portents of war*, presagi di guerra. ② portento, prodigio.

porter[1] ['pɔːtə*], *s.* ① facchino. ② (*estens.*) portatore. ③ (USA) inserviente (dei vagoni letto o dei vagoni ristorante). ④ "porter" (birra scura fatta di malto essiccato e tostato ad alte temperature. Il termine inglese è una forma abbreviata di *porter's beer* o *porter's ale* perché bevuta dagli scaricatori). ♦ *market porter*, scaricatore (ai mercati generali). ∎
porter[2], *s.* portiere (in un albergo, in un residence o in un grande condominio): *night porter*, portiere di notte.

portfolio [pɔːtˈfouliou], *s.* ① cartella (spesso di grosse dimensioni, di cuoio o altro materiale) per riporvi disegni, foto, testi pubblicitari, etc. In questo senso, secondo l'ultima edizione del Grande Dizionario *Garzanti*, il termine inglese è entrato, almeno nel mondo della pubblicità, nella lingua italiana: *a portfolio of photographs*, la cartella con le fotografie (che costituisce il "curriculum" professionale di una indossatrice o di una fotomodella). ② incarico ministeriale, portafoglio: *the portfolio of foreign affairs*, il portafoglio degli Esteri; *minister without portfolio*, ministro senza portafoglio. ③ inserto fotografico su un periodico: *"Panorama" this week has a photo portfolio on Giorgio Armani*, sul numero di questa settimana di "Panorama" c'è un inserto su Giorgio Armani (In questo senso si può anche usare il termine inglese "portfolio"). ④ (*econ.fin.*) portafoglio: *he has a substantial portfolio of stocks and bonds*, ha un consistente portafoglio di azioni e obbligazioni.

portento, *s.* ① (*miracolo*) miracle, marvel, wonder; portent: *quel chirurgo fa portenti*, that surgeon works wonders. ② (*persona eccezionale*) prodigy; genius, portent.

portiere, *s.* ① (*portinaio*) (GB) porter (di condominio, albergo, istituto universitario, etc.); (*di edificio pubblico*) doorman, doorkeeper; (*meno usato*) janitor. In USA prevale il termine "janitor". ② (*sport*) goal-keeper.

portafoglio, *s.* ① (*per i soldi*) (GB) wallet, notecase; pocket-book; (USA) billfold. ② (*cartella*) briefcase; (*neol.*) portfolio. ③ (*carica ministeriale*) portfolio. ④ (*econ.fin.*) portfolio. ♦ *portafoglio estero*, foreign bills; *portafoglio azionario*, share portfolio; *portafoglio finanziario*, financial paper; *portafoglio titoli*, securities portfolio.

positive ['pɔzətiv], *agg.* ① positivo; affermativo: *a positive answer*, una risposta positiva (o affermativa); *a positive Wassermann test*, una Wassermann positiva; *positive film*, pellicola positiva; *positive pole*, polo positivo. ② sicuro; vero e proprio; preciso: *positive instructions*, direttive precise; *it's a positive scandal*, è uno scandalo vero e proprio; *the state of your desk is a positive disgrace*, la tua scrivania è in uno stato veramente vergognoso. ③ costruttivo, concreto: *a positive criticism*, una critica costruttiva; *she should take a more positive attitude*, dovrebbe assumere un atteggiamento più costruttivo. ④ completo, integrale: *a positive fool*, un cretino integrale. ⑤ decisivo: *that was a positive shot*, fu un colpo decisivo. ⑥ sicuro: *are you positive?*, sei sicuro?. ♦ *positive discrimination*, favoritismo, trattamento discriminatorio e compensativo (questa espressione un po' involuta vuole semplicemente indicare una politica tendente a compensare, con un trattamento di favore, chi ha subito in precedenza un torto). // **positively** ['pɔzətivli], *avv.* ① positivamente; affermativamente: *he replied positively*, rispose affermativamente. ② sicuramente; effettivamente; certamente: *I finished the journey positively satisfied*, ho terminato il viaggio effettivamente soddisfatto. ③ in modo concreto, in modo attivo: *they should participate more positively in the campaign*, dovrebbero partecipare in modo più attivo alla campagna. ♦ (USA) *positively no entrance*, è assolutamente vietato l'ingresso.

positivo, *agg.* ① positive (in tutti i significati scientifici del termine: in fisica, matematica, fotografia, linguistica e filosofia): *numero positivo*, positive number. ② (*favorevole*) favourable: *esprimere un giudizio positivo*, to give a favourable opinion. ③ (*dotato di senso pratico*) practical, matter-of-fact: *è un uomo positivo*, he's a practical (o matter-of-fact-) man. ④ (*affermativo*) affirmative, positive: *risposta positiva*, affirmative (o positive) answer. ⑤ (*vantaggioso*) good; favourable, promising, encouraging: *esito positivo*, favourable outcome; *aspetti positivi*, favourable aspects; *un fatto positivo*, a good thing. ♦ *è positivo che non voleva aiutarti*, he certainly didn't want to help you.

possibly ['pɔsibli], *avv.* ① forse, può darsi: *"Is he coming with us?" "Possibly, I'm not sure"*, "Verrà con noi?" "Forse, non sono sicuro". ② in ogni caso, proprio: *it can't possibly work*, non può proprio funzionare. Non SIGNIFICA → *possibilmente*.

possibilmente, *avv.* if possible: *fammi avere tue notizie, possibilmente appena arriverai*, let me hear from you, if possible as soon as you arrive.

predecessor ['pri:disesə*], s. ① predecessore. ② precedente: *the new building is about the size of its predecessor*, il nuovo edificio ha circa le stesse dimensioni di quello precedente; *the predecessor of a book*, l'edizione precedente di un libro.

to predicate ['predikit], v.t. ① asserire, affermare: *to predicate the validity of one's motivations*, affermare la validità delle proprie motivazioni. ② basare, fondare: *he predicates his opinion on these facts*, egli basa la sua opinione su questi fatti. NON SIGNIFICA → *predicare*.

premium ['pri:mjəm], s. ① premio, ricompensa. ② premio di assicurazione. ③ aggio; sovrapprezzo. ④ gratifica. ⑤ (*marketing*) omaggio, premio. ♦ *to put a premium on*, incoraggiare; (*econ.*) *at a premium*, sopra la pari; *premium pay*, salario a incentivo.

preoccupied [pri:'ɔkjupaid], agg. ① assorto, intento: *preoccupied with family problems*, assorto in problemi di famiglia. ② sovrappensiero; distratto, svagato. NON SIGNIFICA → *preoccupato*.

prepared [pri'pɛəd], agg. ① disposto a: *I'm not prepared to listen to your weak excuses*, non sono disposto ad ascoltare le tue scuse inconsistenti. ② pronto; preparato: *we must be prepared for his disapproval*, dobbiamo essere preparati alle sue critiche.

prepotent [pri'poutənt], agg. ① (*raro*) strapotente. ② predominante. NON SIGNIFICA → *prepotente*.

predecessore, s. ① predecessor. ② (*antenati*) forefathers (*pl.*).

predicare, v.t. to preach // v.i. to preach, to lecture, to sermonize.

premio, s. ① prize; award: *vincere un premio*, to win a prize. ② (*ricompensa*) reward. ③ (*di assicurazione*) premium. ④ (*gratifica*) bonus, premium. ♦ *premio di consolazione*, consolation prize; *in premio di...*, as a reward for...; *premio di produzione*, production bonus.

preoccupato, agg. worried, concerned; anxious: *è preoccupato per la situazione internazionale*, he is worried about the international situation; *aveva un'aria preoccupata*, she had a concerned look; *è preoccupata per la salute di sua figlia*, she is anxious about her daughter's health.

preparato, agg. ① (*pronto*) ready: *sono preparato ad ascoltarti*, I am ready to listen to you. ② (*dotato di preparazione*) well-trained; well-prepared. ♦ *è un tecnico preparato*, he's an engineer who knows his job well // s. (*farm.biol.*) preparation.

prepotente, agg. ① overbearing, domineering, high-handed; (*fam.*) bossy: *è una ragazza capricciosa e prepotente*, she's a whimsical and overbearing girl; *non può sopportare sua suocera perché è prepotente*, she can't stand her bossy mother-in-law; *non mi piace il suo modo di fare prepotente*, I don't like his high-handed manner. ② (*che tende a soverchiare*) overwhelming.

presentation [ˌprezən'teiʃən], *s.* ①
presentazione: *yesterday we made
the presentation of our advertising
campaign,* ieri abbiamo presentato
la nostra campagna pubblicitaria.
② regalo, dono, omaggio: *the presentation copy of a book,* la copia
omaggio di un libro. ③ rappresentazione: *the presentation of a new play,*
la rappresentazione di una nuova
commedia. ④ consegna: *the presentation of prizes will begin now,* la
consegna dei premi comincerà ora.

presently ['prezntli], *avv.* ① fra poco, presto; quanto prima: *the doctor
will be here presently,* il dottore sarà
qui quanto prima. ② poco dopo:
presently I got the whole story, poco
dopo ho saputo tutta la storia. ③
(*neol.*) attualmente, presentemente
(Questa accezione è piuttosto moderna e non da tutti accettata, ma
contestarne la validità non sarebbe
realistico).

preservative [pri'zə:vətiv], *s.* con-
servante: *you should buy products
that don't contain preservatives,* dovresti comprare prodotti senza con-
servanti. NON SIGNIFICA → **preservativo.**

to preserve [pri'zə:v], *v.t.* ① proteggere, preservare: *God preserve us!,*
che Dio ci protegga! ② conservare:
to preserve fruit, conservare la frutta; *to preserve an old building,* conservare un vecchio edificio. → *preservare* // **preserve,** *s.* ① (*generalmente pl.*) marmellata; conserva. ②
riserva di caccia o di pesca: *a
wildlife preserve,* una riserva faunistica. ③ (*fig.*) campo riservato.

president ['prezidənt], *s.* ① presidente: *the President of the Republic,*
il Presidente della Repubblica. ②
(USA) presidente (massimo diri-
gente esecutivo di una società);
(GB) presidente (del consiglio di
amministrazione). ③ (GB) rettore
(di università). ♦ *the President of the
Board of Trade,* il Ministro del Com-

presentazione, *s.* ① presentation:
la presentazione di un documento,
the presentation of a document. ②
(*discorso o scritto introduttivo*) introduction. ③ (*di una persona a
un'altra*) introduction; (*a corte*)
presentation: *lettera di presentazione,* letter of introduction. ④ (*di un
titolo di credito*) presentment: *presentazione per l'accettazione,*
presentment for acceptance; *presentazione per il pagamento,*
presentment for payment.

presentemente, *avv.* at present,
at the moment; presently.

preservativo, *s.* condom; (*fam.*)
rubber.

preservare, *v.t.* to protect; to preserve: *preservare gli indumenti dalle
tarme,* to protect clothes from
moths.

presidente, *s.* ① president. ② (*di
una società o di un'assemblea*) chairman: *presidente del consiglio di amministrazione,* board chairman;
(*spec.* GB) president. ③ (*in Parlamento*) speaker. ♦ *il Presidente del
Consiglio,* the Prime Minister, the
Premier.

mercio; *Vice President*, in USA è il capo di una divisione di una società e corrisponde all'italiano "direttore". Può anche essere il "vice direttore generale", ma non il vice presidente, come viene tradotto molto spesso.

to pretend [pri'tend], *v.t.* ① fingere, far finta di, simulare: *he doesn't want to go to work, therefore he pretends sickness*, non vuole andare al lavoro, perciò si finge ammalato; *to pretend anger*, simulare la collera. ② voler far credere, presumere di, avere la pretesa di; spacciarsi per: *he pretends to be a multi-millionaire*, vuole far credere di essere un miliardario; *he pretended to be a philologist*, si è spacciato per filologo // *v.i.* ① fingere: *he is not asleep, he is only pretending*, non sta dormendo, fa solo finta. ② accampare diritti su, aspirare a: *to pretend to the throne*, aspirare al trono. ♦ *pretend pearls*, perle false.

pretendere, *v.t.* ① (*sostenere*) to claim; to maintain; to profess: *pretende di aver ragione*, he claims he is right; *pretendeva di avere una vasta conoscenza dell'inglese*, he professed an extensive knowledge of the English language. ② (*esigere*) to demand; to want; to require: *pretendere il pagamento*, to require payment; *pretendo che mi dica la verità*, I want him to tell me the truth; *pretendono salari più alti*, they demand higher wages. ③ (*presumere*) to expect, to presume, to think: *pretende di parlare l'inglese dopo poche settimane di studio*, he expects to be able to speak English after a few weeks' study // *v.i.* to pretend: *pretendere alla mano di una ragazza*, to pretend to a girl's hand.

prevailing [pri'veiliŋ], *agg.* ① prevalente, predominante. ② diffuso: *the prevailing discontent*, il diffuso malcontento; *a prevailing practice*, un'abitudine diffusa.

to prevaricate [pri'værikeit], *v.i.* parlare o agire in modo ambiguo; tergiversare: *tell me the truth, don't prevaricate*, dimmi la verità, non tergiversare. NON SIGNIFICA → *prevaricare* // *prevarication* [pri,væri'keiʃən], *s.* ambiguità; pretesto. NON SIGNIFICA → *prevaricazione*.

prevaricare, *v.i.* ① (*abusare di un potere*) to abuse one's office. ② (*trasgredire*) to trespass // **prevaricazione,** *s.* ① abuse of power. ② (*dir.*) malfeasance (in office); collusion with the opposite party.

principal ['prinsəpəl], *s.* ① preside (di scuola); direttore (di istituto universitario). ② (*econ.*) capitale, somma capitale. ③ (*comm.*) obbligato principale, debitore principale. ④ titolare (di un'impresa). ⑤ (*teat.*) attore principale; (*danza*) primo ballerino. ⑥ (*dir.*) autore (o complice) di un delitto. ⑦ (*tec.*) trave principale. NON SIGNIFICA → *principale*.

principale, *s.* (*padrone*) master; (*capo*) head; (*fam.*) boss. Il termine *boss* viene usato dal dipendente nei confronti del "capo". Difficilmente una terza persona, estranea all'ambiente, userebbe questo termine che, secondo le circostanze, potrebbe anche essere "manager" o "principal", se titolare di un'impresa.

private ['praivit], *agg.* ① privato: *private nursing home*, clinica privata; *private property*, proprietà privata; (*econ.*) *private enterprise*, iniziativa privata; *private showing of a film*, proiezione privata di un film; "*Could I talk to you in private?*", "Potrei parlarti in privato?". ② confidenziale, riservato: "*private & confidential*", "riservato personale" (frase convenzionale che viene scritta sulle buste delle lettere); *a private matter*, una faccenda riservata; *a private dining room*, una sala (da pranzo) riservata; *a private person*, una persona riservata. ③ isolato, tranquillo, appartato: *a private spot*, un posticino tranquillo e appartato; "*Is there a private corner where we can talk by ourselves?*", "C'è un angolino tranquillo dove possiamo fare quattro chiacchiere senza venire disturbati?"; *he wanted to be private with her*, desiderava starsene solo con lei. ♦ *I'm here as a private citizen*, sono qui in veste non ufficiale; *private account*, conto corrente personale; (*dir.*) *private hearing*, udienza a porte chiuse; (USA) *private eye*, investigatore privato (il suo equivalente in GB è *private detective*); *private means*, rendita; (GB) *private member* (*of Parliament*), deputato che non fa parte del governo inglese; *private parts*, (*eufemismo*) genitali esterni; *private room in a hospital*, stanza singola a pagamento (ex reparto solventi) in una struttura ospedaliera; *private school*, scuola elementare o secondaria (non sovvenzionata dallo Stato o da enti locali) per la quale si deve pagare una retta // *s.* ① (*mil.*) soldato semplice. ② (*pl.*) genitali esterni.

to process¹ ['prouses], *v.t.* ① trattare chimicamente; sottoporre a un processo industriale: *to process food before distribution*, trattare il cibo prima della distribuzione. ② trasformare. ③ (*informatica*) elaborare. ④ (*dir.*) citare, chiamare in giudizio; procedere (nei confronti di

privato, *agg.* ① private: *proprietà privata*, private property; *udienza privata*, private audience; *azienda privata*, private concern; *interessi privati*, private interests. ② (*strettamente personale*) private, personal, confidential: *faccende private*, personal matters; *segreteria privata*, private (o confidential, o personal) secretary. ♦ *scuola privata*, independent (o private) school (come termine generico): I (GB) public school (istituite privatamente come alternativa all'educazione che veniva impartita fra le pareti domestiche ai giovani delle classi privilegiate). II (USA) private school // *s.* private citizen; private person. ♦ *non si vende ai privati*, no retail sales.

processare, *v.t.* (*dir.*) to try; to bring to trial.

qd.). ♦ *to process sulphur*, raffinare lo zolfo; *data processing*, elaborazione dati; (*econ.*) *processing tax*, imposta di fabbricazione; *processed cheese*, formaggio fuso (*formaggini*) // **to process**[2] *v.i.* procedere in fila indiana come in processione. (In questa accezione il verbo è etimologicamente mediato dal sostantivo *procession*, processione). NON SIGNIFICA → *processare*.

profane [prə'fein], *agg.* ① profano: *profane art*, arte profana. ② pagano. ③ irriverente, empio, blasfemo: *smoking in a church is profane*, fumare in chiesa è un atto irriverente; *profane language*, linguaggio blasfemo.

profano, *agg.* ① profane. ② (*incompetente*) ignorant; (*inesperto*) unskilled: *sono profano in materia di economia*, I am ignorant about economics // *s.* ① the profane. ② (*persona incompetente*) layman: *per quanto riguarda la musica sono proprio un profano*, as to music, I am a real layman.

professor [prə'fesə*], *s.* ① (GB) professore (titolare di cattedra universitaria o capo dipartimento); (USA) docente universitario. ② (USA) (*fam.*) insegnante, professore (di scuola superiore o college). ③ professore (titolo conferito a uno specialista di una determinata disciplina).

professore, *s.* ① (*docente universitario incaricato*) lecturer; (USA) assistant professor. ② (*cattedratico o capo dipartimento*) professor. ③ (*di scuola media*) teacher; (school)-master. ♦ *professore d'orchestra*, member of an orchestra; *è professore di violino*, he teaches violin.

prominent ['prɔminənt], *agg.* ① prominente: *a prominent chin*, un mento prominente. ② cospicuo, rilevante; ben in vista: *in a prominent place in the room there is a grand piano*, ben in vista nella stanza c'è un pianoforte a coda. ③ eminente, famoso: *prominent people in the world of arts*, persone eminenti nel mondo dell'arte.

prominente, *agg.* prominent, jutting: *un naso adunco e prominente in un viso scarno*, a crooked nose jutting out of a lean face.

to promulgate ['prɔmǝlgeit], *v.t.* ① promulgare, emanare: *to promulgate a decree*, promulgare un decreto. ② diffondere: *to promulgate culture*, diffondere cultura.

promulgare, *v.t.* to promulgate; (*proclamare*) to proclaim: *promulgare una teoria*, to proclaim (o spread) a theory.

to pronounce [prə'nauns], *v.t.* ①
pronunciare, dire: *I can't pronounce
this word*, non riesco a pronunciare
questa parola. ② dichiarare: *I pronounce you man and wife*, vi dichia-
ro marito e moglie; *to pronounce a
man guilty*, dichiarare colpevole un
uomo // *v.i.* pronunciarsi; manifestare la propria opinione: *he will
pronounce on that issue*, si pronun-
cerà su quella questione; *he was
asked to pronounce on the merits of
modern novelists*, gli è stato chiesto
di esprimere un giudizio sul valore
dei romanzieri moderni.

to propagate ['prɔpəgeit], *v.t.* ①
propagare, diffondere, divulgare: *to
propagate new ideas*, diffondere
nuove idee; *to propagate sound
waves*, propagare onde sonore. ②
(*biol.*) far riprodurre (piante, animali); trasmettere (i caratteri eredi-
tari) // *v.i.* ① trasmettersi, propa-
garsi, diffondersi. ② (*biol.*) propa-
garsi, moltiplicarsi.

proper ['prɔpə*], *agg.* ① proprio:
(*gramm.*) *proper name*, nome proprio; (*mat.*) *proper fraction*, frazione
propria. ② adatto, giusto, opportu-
no: *the proper moment*, il momento
adatto; *the proper tool for a job*, lo
strumento adatto a un determinato
lavoro; *he finally got the proper
medical attention*, finalmente ha
avuto la giusta (*o* dovuta) assistenza medica; *proper modesty*, la giusta
(*o* dovuta) modestia. ③ giusto, corretto, esatto, appropriato: *what's
the proper word for this gadget?*,
qual è il nome esatto di questo ag-
geggio?; *it is not the proper spelling
for this word*, non è la grafia corretta
di questo vocabolo; *everything in
her room is in its proper place*, ogni
cosa nella sua stanza è al posto giusto. ④ propriamente detto, vero e
proprio: *I'll show you Provence
proper on the map*, ti mostrerò sulla
carta geografica la Provenza propriamente detta. ⑤ tipico: *rainy
weather proper to March*, un tempo

pronunciare, *v.t.* ① to pronounce:
*pronunciare chiaramente le parole
di una lingua straniera*, to pronounce clearly the words of a
foreign language. ② (*proferire*) to
utter; to say; (*dire pubblicamente*) to
pronounce; to deliver: *pronunciare
un discorso*, to deliver a speech; *pronunciare una sentenza*, to pronounce a sentence // **pronunciarsi**,
v.i.pron. to pronounce: *non è facile
pronunciarsi sull'argomento*, it is
not easy to pronounce on the matter. ♦ *pronunciare un giuramento*, to
take an oath.

propagare, *v.t.* ① to propagate; to
spread. ② (*biol.*) to propagate // **pro-
pagarsi**, *v.i.pron.* ① to spread, to become widespread. ② (*biol.*) to
propagate. ③ (*fis.*) to be propagated.

proprio, *agg.poss.* one's: (*rafforzativo*) one's own: *morire per il proprio paese*, to die for one's country;
l'ho visto con i miei propri occhi, I
saw it with my own eyes // *agg.* ①
(*caratteristico*) peculiar, proper
(to), characteristic, typical (of): *è
proprio delle persone anziane rim-
piangere il passato*, it's typical of
elderly people to think with nostal-
gia of the past. ② (*esatto*) proper,
exact, correct; suitable: *usare il termine proprio*, to use the suitable
term. ③ (*mat.gramm.*) proper //
pron.poss. one's own: *preferire il lavoro altrui al proprio*, to prefer
other people's work to one's own //
s. one's own; what belongs to one: *vivere del proprio*, to live off one's own
// *avv.* ① (*esattamente*) just, exactly,
precisely. ② (*veramente*) really; ac-
tually: *è proprio impossibile*, it's
really (*o* quite) impossible. ③ (*nelle
risposte affermative*) (yes) that's
right; (*rafforzativo di negazione*)
really, at all: *non ho proprio fame*, I

piovoso tipicamente marzolino. ♦ *a prim and proper person*, una personcina a modo (apprezzamento vagamente ironico che sottolinea l'eccessivo conformismo comportamentale); *she is a proper bitch*, è una figlia di buona donna nel vero senso del termine; *a proper scoundrel*, un vero e proprio farabutto.

proponent [prə'pounənt], *s.* fautore, sostenitore.

proposition [ˌprɔpə'ziʃən], *s.* ① asserzione, dichiarazione, affermazione: *that proposition needs no explanation*, quella dichiarazione non ha bisogno di spiegazioni. ② proposta; offerta: *a business proposition*, una proposta di lavoro. ③ problema, compito, impresa (ardua o difficile); faccenda: *that's a different proposition altogether*, è una faccenda del tutto diversa (o è un altro paio di maniche); *tunnelling under the Strait of Messina is a big proposition*, costruire un tunnel sotto lo stretto di Messina è un'impresa molto ardua. ④ (*retorica*) soggetto da discutere; presupposto, assunto: *it refers to the proposition that all men are created equal*, si riferisce al presupposto che tutti gli uomini sono stati creati uguali. ⑤ (*gramm.*) proposizione. ⑥ (*mat.*) proposizione; teorema; problema. ⑦ (*fam.*) osso duro (persona difficile con cui trattare di affari). ⑧ (*fam.*) proposte (*pl.*) (indecenti di tipo sessuale) // **to proposition**, *v.t.* fare (a qd.) proposte indecenti. ♦ *a paying proposition*, un'attività (commerciale) remunerativa.

propriety [prə'praiəti], *s.* ① opportunità. ② convenienza; decoro, decenza: *a breach of propriety*, una sconvenienza. ③ (*pl.*) convenienze; buone maniere, le regole dell'educazione. ④ (*raro*) uso corretto (di un termine, vocabolo, etc.).

am really not hungry. ♦ *lavorare in proprio*, to work on one's own account; *mettersi in proprio*, to set up business on one's own; *non proprio*, not exactly.

proponente, *s.* (*dir.*) proposer, proponent.

proposizione, *s.* ① (*gramm.*) sentence; (*frase*) clause. ② (*fil.mat.*) proposition. ③ (*asserzione*) statement, assertion; proposition.

proprietà, *s.* ① (*dir.*) property; ownership: *la tutela della proprietà*, the protection of ownership. ② (*qualità peculiare*) property: *le proprietà delle acque minerali*, the properties of mineral waters. ③ (*correttezza*) propriety, correctness: *vestire con proprietà*, to dress with propriety. ④ (*cosa posseduta*) property, estate, possessions (*pl.*). ⑤ (*chi detiene la proprietà*) ownership; owners: *le decisioni della proprietà*, the decisions of the owners. ♦ (*dir.*) *proprietà letteraria*, copyright; *trapasso di proprietà*, transfer of title (o property).

prospect ['prɔspekt], *s.* ① prospettiva; aspettativa; speranza; possibilità: *he doesn't like the prospect of living alone*, non gli sorride la prospettiva di vivere solo; *she rejoiced at the prospect of going to the States*, la prospettiva di recarsi negli Stati Uniti la riempì di gioia; *in this business I see no prospect of more money*, in questa attività le aspettative (o speranze) di maggiori guadagni sono inesistenti; *there's no bright prospect for me if I accept this position*, se accetto questo posto non vedo brillanti prospettive di carriera. ② cliente potenziale; candidato favorito. ③ possibilità, probabilità: *there is little prospect of the weather improving*, ci sono scarse possibilità che il tempo migliori. ④ panorama, vista, veduta: *a beautiful prospect over the valley*, una vista stupenda sulla vallata. ⑤ (*miner.*) area (o territorio) prospettata.

to prove [pru:v], *v.t.* ① dimostrare, provare: *he proved his courage in battle*, dimostrò il suo coraggio in battaglia. ② (*dir.*) convalidare; ratificare, omologare. ③ mettere alla prova, provare. ④ (*tip.*) tirare una prova dei caratteri (o di stampa). ⑤ fare lievitare (la pasta da pane) // *v.i.* ① risultare: *the number of people involved proved to be higher than expected*, il numero delle persone coinvolte risultò maggiore di quanto ci si potesse aspettare. ② dimostrarsi: *he proved to be a good actor*, si è dimostrato un buon attore.

prospetto, *s.* ① (*tabella*) chart; diagram; graph; table: *come risulta dal prospetto allegato*, as shown in the enclosed chart. ② (*pieghevole*) brochure, folder; (*di università, corsi, etc.*) prospectus. ③ (*nel disegno*) elevation. ④ (*facciata*) (principal) front; façade: *visto di prospetto*, seen from the front. ♦ (*comm.*) *prospetto delle entrate e delle uscite*, statement of income and expenditure; (*teat.*) *palco di prospetto*, front box; *ritratto di prospetto*, full-face portrait.

provare, *v.t.* ① (*dimostrare*) to prove: *provare l'innocenza di qd.*, to prove s.o.'s innocence. ② (*sperimentare*) to try: *hai provato questa medicina?*, did you try this medicine? ③ (*rif. a vestiti, etc.*) to try on. ④ (*collaudare*) to test; to try out. ⑤ (*sentire*) to feel; to experience: *provare dolore*, to feel pain. ⑥ (*rif. a spettacoli*) to rehearse. ⑦ (*mettere alla prova*) to (put to the) test, to try: *questo prodotto è stato provato in laboratorio*, this product was laboratory tested. ⑧ (*indebolire*) to debilitate: *quella malattia lo ha duramente provato*, that illness has debilitated him terribly // **provarsi**, *v.i.-pron.* (*sforzarsi; cimentarsi*) to try.

province ['prɔvins], s. ① provincia.
② diocesi. ③ sfera d'azione; competenza specifica: *this is not within my
province*, questo non rientra nelle
mie competenze; *that is outside his
province*, ciò esula dal suo campo. ♦
the provinces, la provincia: *she
doesn't like life in the provinces*,
non ama la vita di provincia.

provincia, s. province. ♦ *vivere in
provincia*, to live in the provinces.

publicist ['pʌblisist], s. ① agente
pubblicitario. ② giornalista politico. ③ esperto di diritto internazionale. NON SIGNIFICA → *pubblicista*.

pubblicista, s. free lancer, freelance journalist; (occasional) contributor: *George collabora regolarmente come pubblicista con un settimanale francese*, George is a regular
contributor to a French weekly.

publisher ['pʌbliʃə*], s. editore.
NON SIGNIFICA → *pubblicista*.

pugnacious [pʌg'neiʃəs], agg. ①
(*lett.*) pugnace. ② bellicoso, battagliero; incline a far baruffa; che cerca la rissa: *a tough boy pugnacious
and quick to take offence*, un duro,
incline a far baruffa, oltre che ombroso. ③ (*estens.*) polemico: *a pugnacious pamphlet*, un libello polemico.

pugnace, agg. (*letter.*) pugnacious.

punctilious [pʌŋk'tiliəs], agg. ① meticoloso, pignolo, scrupoloso: *a
punctilious hostess*, una padrona di
casa precisa e meticolosa. ② formalistico, cerimonioso. NON SIGNIFICA
→ *puntiglioso*.

puntiglioso, agg. stubborn, obstinate; (*fam.*) pigheaded.

puncture ['pʌŋktʃə*], s. foratura (di
pneumatico): *I had a puncture in my
tire, that's why I'm late*, ho forato
una gomma, ecco perché ho fatto
tardi // **to puncture**, v.t. ① forare
(uno pneumatico). ② sgonfiare (la
presunzione altrui); ferire, demolire, distruggere: *her remark punctured his "ego"*, la sua osservazione
ha inferto un duro colpo al suo
"ego". ♦ (*med.*) *lumbar puncture*,
puntura lombare.

puntura, s. ① injection, shot. ②
(*dolore acuto*) pain (anche *fig.*). ♦
puntura di spillo, di ago, prick; *puntura di insetto*, sting; *puntura di zanzara*, bite; *puntura dolorosa o fitta al
fianco*, stitch.

pupil¹ ['pju:pl], *s.* ① (*dir.*) pupillo. ② allievo, scolaro, discepolo: *Leonardo's pupils were particularly influenced by their master,* i discepoli di Leonardo furono fortemente influenzati dal loro maestro. ■ **pupil²** *s.* (*anat.*) pupilla.

pupillo, *s.* ① (*dir.*) ward; (*raro*) pupil. ② (*figlio prediletto*) favourite child; (*allievo prediletto*) teacher's pet (l'espressione ha un tono vagamente ironico).

pupilla, *s.* pupil. ♦ *essere la pupilla degli occhi di qd.,* to be the apple of s.o.'s eye.

Q

qualification [ˌkwɔlifiˈkeiʃən], *s.* ①
qualifica, titolo; requisito: *to have
the necessary qualifications for a job*,
avere i requisiti necessari per un
impiego. ② limitazione, riserva: *we
support their policy, but with certain
qualifications*, appoggiamo la loro
politica, ma con alcune riserve. ③
(*il qualificarsi per una gara, un posto
di lavoro, etc.*) qualificazione. ④
precisazione: *his statment needs
qualifications*, la sua affermazione
richiede delle precisazioni.

quarrel [ˈkwɔrəl], *s.* litigio, disputa;
dissenso: *she had a quarrel with her
husband*, ebbe un litigio con suo marito; *no quarrel with your opinions*,
nessun dissenso con le tue opinioni.
♦ *to pick up a quarrel with s.o.*, aver
da ridire con qd.; *to make up a quarrel*, riconciliarsi. NON SIGNIFICA →
querela.

querela, *s.* (*dir.*) action, suit;
charge: *sporgere querela contro qd.*,
to bring an action against s.o.

question [ˈkwestʃən], *s.* ① domanda, interrogativo; quesito: *to ask a
question*, fare una domanda. ② problema, questione: *it's a question of
finding time*, il problema è trovare il
tempo. ③ dubbio: *no question of his
veracity*, nessun dubbio sulla sua
sincerità. ♦ *question mark*, punto interrogativo; *out of* (o *beyond*) *question*, senza dubbio; *out of the question*, fuori discussione; *that is the
question*, ecco il problema; *beside
the question*, non pertinente; *to
bring into question*, mettere in discussione → **questione** // **to ques-**

questione, *s.* ① (*affare, faccenda*)
question, matter: *è una questione di
vita o di morte*, it's a matter of life
and death. ② (*problema*) question,
problem: *risolvere una questione*, to
solve a problem. ③ (*discussione*)
issue: *non fare tante questioni*, don't
make such an issue. ④ (*lite*) quarrel
// **questionare,** *v.i.* ① (*litigare*) to
quarrel (over o about). ② (*discutere*) to argue; to dispute (on o
about).

tion, *v.t.* ① interrogare: *she was questioned about her actions*, è stata interrogata circa le sue azioni. ② mettere in dubbio, contestare: *I question his competence*, metto in dubbio la sua competenza. NON SI-GNIFICA → *questionare*.

quotation [kwəu'teiʃən], *s.* ① citazione (di un brano): *a quotation from the Bible*, una citazione dalla Bibbia. ② (*econ.*) quotazione (di Borsa). ③ prezzo. ♦ *quotation marks*, virgolette ∥ **to quote** [kwəut], *v.t.* ① citare (un brano). ② fissare un prezzo; (*econ.*) quotare. ③ chiudere fra virgolette. ♦ *quote ...unquote*, aperte le virgolette... chiuse le virgolette; *quoted company*, società quotata in borsa; *quoted investment*, investimento in valori mobiliari; *quoted securities*, valori mobiliari.

quotazione, *s.* (*prezzo*) price, quotation ∥ *quotare*, *v.t.* ① (*econ.*) to quote (*at*): *è stato quotato due milioni*, it was quoted at two millions. ② (*fig.*) (*stimare, apprezzare*) to appreciate, to esteem. ③ (*tec.*) to dimension (p.e. nei disegni).

R

racket¹ ['rækit], *s.* (*sport*) ① racchetta. ② "rackets" (gioco simile al tennis, giocato in un campo coperto delimitato da quattro pareti). ■ **racket²** *s.* ① chiasso, schiamazzo: *to make a racket*, schiamazzare, fare chiasso. ② attività illegale; racket: *the drug racket*, il racket della droga. ③ raggiro, imbroglio; truffa : *it's a racket to avoid taxes*, è un raggiro per evitare le tasse. ♦ *to stand the racket of s.th.*, fare le spese di qc.

rampant ['ræmpənt], *agg.* ① furioso: *a rampant bull*, un toro scatenato. ② (*fig.*) sfrenato, sbrigliato; dilagante, diffuso: *a rampant crime wave*, un'incontrollabile ondata di crimini; *AIDS is rampant in Africa*, l'AIDS è dilagante in Africa. ③ lussureggiante: *rampant plants*, piante lussureggianti. ④ (*arch. araldica*) rampante.

rapine ['ræpain], *s.* saccheggio. NON SIGNIFICA → *rapina*.

rapport [ræ'pɔ:(t)], *s.* rapporto, intesa: *he has established a pleasant form of rapport with my mother*, ha stabilito una piacevole forma di intesa con mia madre; *to develop a rapport with s.o.*, stabilire un buon rapporto con qd.

racchetta, *s.* ① (*da tennis*) racket; (*da ping-pong*) bat, racket; (USA) paddle. ② (*da sci*) ski-pole, ski-stick. ♦ *racchetta da neve*, snowshoe, racket.

rampante, *agg.* (*arch. araldica*) rampant: *leone rampante*, rampant lion. ♦ *un giovane rampante*, a yuppie (abbreviazione di "young urban professional", cioè giovane professionista urbano, che sta a significare giovane ambizioso che mira a raggiungere un'elevata posizione economica e sociale bruciando le tappe).

rapina, *s.* robbery: *rapina a mano armata*, armed robbery (*o* holdup).

rapporto, *s.* ① report, account: *stendere un rapporto*, to make (*o* draw up) a report. ② (*relazione tra persone*) relations (*pl.*), terms (*pl.*): *essere in buoni rapporti*, to be on good terms; *rompere i rapporti*, to break off relations; *stabilire rapporti di buon vicinato*, to get on good terms with neighbours. ③ (*legame tra cose*) connection, relation(ship): *non c'è alcun rapporto tra i due fatti*, there is no connection between the two facts. ④ (*mat.*) ratio: *un rapporto di dieci a cinque*, a ratio of a ten to five. ♦ *rapporto d'affari*, business relation(ship); *rapporti epistolari*, correspondence.

raro, *agg.* ① rare, unusual: *un esempio raro*, an unusual (o a rare) example. ② exceptional, outstanding: *un uomo di rara intelligenza*, a man of outstanding intelligence. ♦ *raro come una mosca bianca*, a rare bird.

rare[1] [rɛə*], *agg.* ① raro, insolito: *a rare occurrence*, un evento raro. ② prezioso; eccellente: *a rare gem*, una gemma preziosa; *rare Scotch whisky*, eccellente whisky scozzese. ③ rarefatto: *rare atmosphere*, atmosfera rarefatta. ■ **rare**[2], *agg.* al sangue, poco cotto: *a rare steak*, una bistecca al sangue.

raucous ['rɔ:kəs], *agg.* ① rauco: *the raucous cries of the crows*, le grida rauche dei corvi. ② rumoroso: *a raucous bar that draws a crowd of young people*, un bar rumoroso che attira una folla di giovani. ③ (*fig.*) vivace, animato: *we had a memorable raucous evening together*, abbiamo passato insieme una memorabile serata quanto mai animata.

rauco, *agg.* hoarse; raucous: *voce rauca*, hoarse voice.

to realize ['ri:əlaiz], *v.t.* ① rendersi conto, accorgersi; realizzare (questa accezione del verbo, non accettata dai puristi fino a qualche tempo fa, è ormai entrata nell'uso comune, e nell'edizione 1987 del dizionario Garzanti non viene neppure messo in evidenza il suo carattere di neologismo): *I realized I was wrong*, mi resi conto che avevo torto; *she realized that he lied*, si accorse che lui mentiva. ② attuare, realizzare: *to realize one's plans, ambitions, hopes, dreams*, realizzare i propri progetti, ambizioni, speranze, sogni; *he can realize in silk or cashmere any design*, sa riprodurre in seta o cachemire qualsiasi modello; *my worst fears were quickly realized*, i miei più grandi timori si sono subito avverati. ③ realizzare, convertire in denaro: *they wanted to buy a cottage, so they realized all the shares they had*, volevano comprare un cottage, così hanno realizzato tutte le azioni che avevano. ④ ricavare: *I realized a good profit on the paintings I sold*, ho ricavato un buon margine di guadagno dai dipinti che ho venduto.

realizzare, *v.t.* ① (*attuare*) to realize, to achieve; to carry out: *finalmente potei realizzare il mio sogno*, at last I could realize my dream; *un progetto difficile da realizzare*, a plan difficult to carry out. ② (*convertire in moneta*) to realize; (*ricavare*) to realize, to make: *ha realizzato una discreta somma*, she realized a fairly good amount. ③ (*sport*) to score: *realizzare un punto*, to score a point. ④ (*rendersi conto*) to realize (→ *n. 1 della voce dall'inglese*): *realizzare la gravità della situazione*, to realize the gravity of the situation // **realizzarsi**, *v.i.pron.* (*avverarsi*) to come true, to be realized: *il mio sogno si è realizzato*, my dream has come true // *v.r.* to realize oneself: *vogliamo realizzarci cambiando l'ambiente*, we want to realize ourselves by changing the environment.

recension [ri'senʃən], *s.* ① revisione critica di un testo (con analisi comparata di tutte le fonti). ② testo rivisto criticamente. NON SIGNIFICA → *recensione*.

recipient [ri'sipiənt], *s.* ricevente, destinatario. NON SIGNIFICA PIÙ → *recipiente*.

to reclaim [ri:'kleim], *v.t.* ① chiedere la restituzione; farsi consegnare: *you need this token when you reclaim your coat*, questo gettone le serve per farsi consegnare il cappotto. ② bonificare (territori, etc.). ③ (*ind.*) ricuperare; rigenerare (gomma); riciclare (rifiuti). ④ ricuperare, redimere, riscattare. NON SIGNIFICA → *reclamare* // **reclamation** [,reklə'meiʃən], *s.* ① bonifica ② (*ind.*) ricupero; rigenerazione (di gomma); (*estens.*) riciclaggio. NON SIGNIFICA → *reclamo*.

recommendation [,rekəmen'deiʃən], *s.* ① segnalazione; consiglio, suggerimento; raccomandazione: *I bought this PC on the recommendation of a friend of mine*, ho comprato questo Personal Computer su consiglio di un mio amico; *the best way to find a secretary is through personal recommendation*, il modo migliore per trovare una segretaria è su segnalazione personale. ② (*estens.*) proposta: *the final decision will be taken on the recommendation of all the members of the staff*, la decisione finale verrà presa su proposta di tutto il personale.

record ['rekɔ:d], *s.* ① memoria, nota; testimonianza; documento; resoconto: *they keep a record of how much they spend*, tengono nota delle spese; *she wrote a record of the early history of her native town*, ha redatto un resoconto della storia antica della sua città natale; *metal tools are a record of an advanced civilization*, gli utensili metallici sono testimonianza di una civiltà progredita; *medical record*, documentazione medica (tutti i dati diagnostici che

recensione, *s.* review: *fare la recensione di un libro*, to review a book. ♦ *questo film ha avuto recensioni favorevoli*, this film had a good press.

recipiente, *s.* container, vessel; (*di latta*) tin, can. ♦ *recipiente di coccio*, earthenware vessel (*o* pot); (*chim.*) *recipiente graduato*, graduate.

reclamare, *v.i.* to complain, to protest // *v.t.* to claim // *reclamo*, *s.* complaint: *inoltrare un reclamo*, to make a complaint.

raccomandazione, *s.* ① (*consiglio*) advice, recommendation; exhortation. ② (*intercessione*) a good word, influence: *ha ottenuto questo posto grazie a delle raccomandazioni*, he got this job through influence. ③ (*di lettere*) registration.

ricordo, *s.* ① memory; (*lett.*) recollection: *ha solo un vago ricordo degli anni della guerra*, he has only a vague recollection of the war years; *ha un buon ricordo del tempo della scuola*, she has happy memories of her school days; *degno di ricordo*, worth remembering. ② (*oggetto comprato*) souvenir; (*di persona defunta*) memento; (*lett.*) keepsake; (*di famiglia*) heirloom; (*regalo*) token, small gift: *negozio di ricordi*, souvenir shop. ③ (*resto*) record; resi riferiscono ad un paziente). ② (*pl.*) documenti, atti ufficiali; archivio: *records office*, archivio centralizzato; *records manager*, direttore dell'archivio; *records management*, gestione della documentazione. ③ (*dir.*) fedina penale; precedenti (di una persona nel lavoro; di uno sportivo in campo agonistico; di un cavallo nelle corse): *he has a long criminal record*, ha una fedina penale molto sporca; *he is a man with a record of aggressive behaviour*, è un uomo con precedenti penali alquanto gravi; *he has an excellent record of service*, ha uno stato di servizio eccellente; *a horse with a fine record in trotting*, un cavallo con buone prestazioni precedenti come trottatore. ④ registro; diario: *a record of school attendances*, registro delle presenze (in una scuola); *for many years she kept a record of the day's events*, per molti anni ha tenuto un diario degli avvenimenti quotidiani. ⑤ statistica; dati statistici: *the police have a record of road accidents*, la polizia dispone di dati statistici sugli incidenti stradali. ⑥ (*sport*) primato: *to break a record*, battere un primato; *to establish a record*, stabilire un primato. ⑦ disco: *put a record on!*, metti su un disco!; *record-player*, giradischi. ⑧ registrazione (su nastro, video-tape, etc.): *we have a record of his performance on a tape*, abbiamo la registrazione su nastro della sua esecuzione // *agg.* record. Usato attributivamente, il termine inglese viene accettato in italiano nel linguaggio giornalistico e familiare: *a record turn-out at the polls*, un'affluenza record (*o* da primato) alle urne (ottimo esempio dato da Virginia Browne in "Odd Pairs & False Friends", Zanichelli 1987). ♦ *data record*, elemento di base di un archivio informatico; *a matter of record*, un fatto risaputo (quindi fuori discussione); *for the record*, perché si sappia (agli atti); *off the record*, in via confidenziale, in via riservata (*o*

main: *questi torrioni diroccati sono un ricordo delle invasioni arabe*, these ruined towers are a record of Arab invasions. ④ (*pl.*) (*memorie*) memoirs; reminiscences.

ufficiosamente); *on record*, registrato: *the mildest winter on record*, l'inverno più mite di cui si abbia notizia; *it is on record that ...* , è documentato che ... ; (USA) *to go on record*, dichiarare pubblicamente le proprie opinioni; *to put (o set) the record straight*, fare delle precisazioni in merito (*o* mettere i puntini sulle i); (*sport*) *track record*, bilancio delle vittorie e delle sconfitte (di un atleta, o di un cavallo da corsa); (*estens.*) precedenti (positivi o negativi) del curriculum di una persona. Non significa → *ricordo*.

to recover[1] [ri'kʌvə*], *v.t.* ① ricuperare, ritrovare, riacquistare: *the police recovered the stolen goods*, la polizia ha ricuperato la merce rubata; *to recover consciousness*, riprendere conoscenza; *the bodies of the miners were recovered from the old shaft*, dal vecchio pozzo sono state ricuperate le salme dei minatori. ② riguadagnare, ricuperare: *to recover losses*, ricuperare le perdite. ③ bonificare, prosciugare; rendere fertile: *to recover wasteland*, rendere fertili delle terre deserte. ④ (*dir.*) ottenere dal tribunale (risarcimenti, riparazioni, etc.) // *v.i.* ① rimettersi, riprendersi, ristabilirsi, essere in ripresa; (*rif. a persona*) guarire: *to recover from an illness*, guarire da una malattia; *our economy eventually began to recover,* alla fine la nostra economia incominciò a riprendersi (*o* a decollare); *it took them a long time to recover from that shock*, ci volle molto tempo perché riuscissero a riprendersi dal (*o* superare il) trauma; *Vietnam has not yet recovered from the devastating effects of the war*, il Vietnam non si è ancora ripreso dagli effetti devastanti della guerra. ② (*dir.*) vincere una causa. ♦ *to recover damages*, ottenere il risarcimento dei danni. Non significa → *ricoverare*. ■ **to recover**[2] [ri:'kʌvə*], *v.t.* ricoprire, coprire di nuovo: *our old sofa needs recovering*, il nostro vecchio sofà ha bisogno di essere ricoperto. Non significa → *ricoverare*.

ricoverare, *v.t.* ① (*dare asilo*) to shelter, to give shelter (to s.o.). ② (*in ospedale*) to admit into hospital; (USA) to hospitalize; (*in un istituto assistenziale*) to institutionalize // **ricoverarsi**, *v.i.pron.* to take shelter.

rector ['rektə*], s. ① pastore (o rettore) (che regge una parrocchia della Chiesa Anglicana). ② rettore (di certe scuole superiori o università, specialmente in Scozia).

rettore, s. ① (*rel.*) rector. ② (*di università*) Principal; (USA) President; College Head. (Le possibilità sono molteplici perché ogni istituto usa dei termini diversi per designare la stessa qualifica o funzione.) // *Rettore Magnifico,* Chancellor.

recurrence [ri'kʌrəns], s. ① ricorrenza; incidenza; periodicità: *a frequent recurrence of the pain,* un dolore con incidenza periodica. ② ricomparsa (di una patologia).

ricorrenza, s. ① recurrence: *la ricorrenza di un fenomeno,* the recurrence of a phenomenon. ② (*festività ricorrente*) feast, festivity; (*anniversario*) anniversary; (*giorno particolare*) day: *il 23 marzo è per noi una ricorrenza importante,* March 23 is for us a momentous day.

to refer [ri'fə:*], *v.t.* ① ascrivere, attribuire: *he referred his lack of success to the poor education he received,* ha attribuito il suo insuccesso alla sua mancanza di cultura. ② indirizzare; consigliare di rivolgersi, mandare: *I was referred to a travel agency for information,* mi hanno consigliato di rivolgermi a un'agenzia di viaggi per avere informazioni; *she was referred by her doctor to a diagnostic center,* il suo medico le ha consigliato di rivolgersi a un centro diagnostico. ③ sottoporre; demandare: *the question was referred to Mr. Brown,* il problema fu sottoposto all'attenzione del signor Brown; *the matter was referred to the local Court of Justice,* la questione è stata demandata al tribunale locale. ④ rimettersi a; deferire: *I refer myself to justice,* mi rimetto alla giustizia // *v.i.* ① riferirsi, fare riferimento; alludere: *don't refer to that again,* non alludere più a ciò. ② consultare, ricorrere (a): *the teacher referred to his notes,* l'insegnante consultò i suoi appunti; *she made this pie without referring to any recipes,* ha fatto questo pasticcio senza consultare delle ricette.

riferire, v.t. ① (*comunicare*) to report, to recount; to tell: *riferire l'accaduto,* to report (o to recount) the incident; *riferiscimi in breve quello che è successo,* tell me in short what happened. ② (*mettere in relazione*) to relate: *riferire un effetto a una causa,* to relate cause and effect // *v.i.* (*fare una relazione*) to report, to make a report // *riferirsi, v.i.pron.* ① to refer to: *mi riferisco a quanto mi è stato detto,* I'm referring to what I was told. ② to concern, to apply to: *quello che ho detto non si riferisce a te,* what I said doesn't apply to (o concern) you.

to refresh [ri'freʃ], *v.t.* ① ristorare; rianimare; rimettere a nuovo, tirare su di giri: *let's refresh ourselves with a good cup of tea*, ristoriamoci con una bella tazza di tè; *after months of hard work, I was refreshed by a week spent in the mountains*, dopo mesi di lavoro estenuante, una settimana passata in montagna mi ha rimesso a nuovo. ② rinfrescare (anche *fig.*); rinverdire; dare una ripassata a: *to refresh one's memory*, rinfrescare la memoria; *I must attend a course to refresh my German*, devo frequentare un corso per dare una ripassata al mio tedesco // *v.i.* rinfrescarsi, ristorarsi. ♦ *to refresh the fire*, riattizzare il fuoco; *to refresh an electric battery*, ricaricare una batteria elettrica // **refreshment** [ri'freʃmənt], *s.* ① (*pl.*) rinfreschi: *refreshments were served during the meeting*, durante la riunione furono serviti dei rinfreschi. ② spuntino; merenda. ③ ristoro, refrigerio.

to refute [ri'fju:t], *v.t.* confutare: *I refuted his argument easily*, non è stato difficile confutare la sua argomentazione. NON SIGNIFICA → *rifiutare*.

regalia [ri'geiljə], *s.pl.* ① emblemi e simboli del potere reale (corona, scettro, armille, etc.). ② diritti e privilegi (di un sovrano). ③ paludamenti (indossati da un sovrano, giudice o magistrato, nelle grandi occasioni, con i simboli della propria carica). NON SIGNIFICA PIÙ → *regalia*.

regard [ri'gɑːd], *s.* ① considerazione, stima, riguardo; rispetto: *you have no regard for my feelings*, non hai considerazione alcuna per i miei sentimenti; *we all have high regard*

rinfrescare, *v.t.* ① to cool; to refresh; to freshen: *la pioggia ha rinfrescato l'aria*, the rain has cooled the air ② (*fig.*) to refresh; (*fam.*) to brush up: *cerca di rinfrescargli la memoria*, try to refresh his memory; *dovresti rinfrescare il tuo inglese*, you should brush up your English. ③ (*mettere a nuovo*) to freshen up; (*dare un ripulita*) to restore; to renovate: *rinfrescare un abito*, to freshen up a dress // **rinfrescarsi**, *v.i.pron.* to get cooler: *dopo il temporale si è rinfrescato*, after the storm it has got cooler // *v.r.* to freshen up: *andai di sopra a rinfrescarmi*, I went upstairs to freshen up // **rinfresco**, *s.* ① reception: *venne offerto un rinfresco per dare il benvenuto agli ospiti*, a reception was given to welcome the guests. ② (*pl.*) refreshments.

rifiutare, *v.t.* ① (*non accettare*) to refuse, to decline, to reject; to turn down: *rifiutò la sua proposta di matrimonio*, she turned down his proposal; *rifiutare un'offerta di lavoro*, to refuse an offer of work. ② (*non concedere*) to refuse, to deny: *rifiutare il proprio consenso*, to refuse one's consent // **rifiutarsi**, *v.i.pron.* to refuse: *mi rifiuto di crederlo*, I refuse to believe that.

regalia, *s.* ① (*mancia*) gratuity, tip. ② (*st. medievale*) regalia (*pl.*). ③ (*pl.*) (*regali in natura*) gifts in kind.

riguardo, *s.* ① regard; (*cura*) care: *trattare qc. con il massimo riguardo*, to handle s.th. with the greatest care; *avere riguardo di sé*, to take care of oneself. ② (*considerazione*)

for our teachers, noi tutti abbiamo la massima stima per i nostri insegnanti; *they hold her in low regard,* non la considerano molto. ② attenzione, cura; preoccupazione: *more regard must be paid to safety on the roads,* bisogna prestare maggiore attenzione alla sicurezza sulle strade; *we had some regard for our safety,* abbiamo avuto una certa preoccupazione per la nostra salvezza. ③ (*pl.*) ossequi, (cordiali) saluti: *give my regards to your wife,* i miei ossequi alla signora (*meglio:* mi saluti sua moglie). ④ (*arcaico*) sguardo (intenso): *he fixed on her his regard,* la guardò fisso. ♦ *out of regard for,* per riguardo a, per rispetto di; *with regard to,* riguardo a // **to regard,** *v.t.* ① considerare, ritenere, giudicare: *she is regarded as an expert in gardening,* è considerata un'esperta di giardinaggio; *to regard taxes as a burden,* considerare le tasse un onere pesante. ② stimare, rispettare: *to regard one's friends highly,* avere grande rispetto per i propri amici. ③ concernere, riguardare: *as regards...,* per quanto concerne ... ; *all that regards our business,* tutto ciò che riguarda la nostra attività di lavoro. ④ (*lett.*) fissare, guardare intensamente. ⑤ prendere in considerazione: *regard the fact that man is mortal,* prendi in considerazione il fatto che siamo esseri mortali // *v.i.* ① guardare con attenzione. ② prestare attenzione.

to register ['redʒistə*], *v.t.* ① registrare, iscrivere, immatricolare: *to register the birth of a baby,* registrare la nascita di un bambino; *you must register your new car as soon as possible,* devi immatricolare al più presto la tua nuova macchina. ② (*di strumenti di precisione*) registrare, segnare, indicare: *the thermometer registers 30 °C,* il termometro segna 30 °C; *the inflation rate registers a modest increase,* l'indice di inflazione registra un lieve aumento. ③ (*poste*) raccomandare, spedire per rac-

consideration, respect, regard: *mancanza di riguardo,* lack of respect. ♦ *riguardo a,* with regard (*o* respect) to, concerning: *riguardo a me,* as far as I am concerned; *di riguardo,* important; distinguished (non esiste un vero equivalente e solo dal contesto può emergere la soluzione giusta: l'espressione "of consequence" potrebbe costituire una ulteriore alternativa.); *senza riguardo a spese,* regardless of expenses; *parlare senza troppi riguardi,* to speak freely; *non farti riguardo a telefonarmi a qualsiasi ora,* don't hesitate to call me at any time; *nei riguardi di,* towards; *essere pieno di riguardi nei confronti di qd.,* to behave attentively towards s.o. // **riguardare,** *v.t.* ① (*guardare di nuovo*) to look (at s.o., s.th.) again. ② (*riscontrare*) to look over; to check: *riguardare una lezione,* to go over a lesson; *riguardare i conti,* to check the accounts. ③ (*concernere*) to regard, to concern; (*vertere*) to be related (to): *per quanto mi riguarda,* as far as I am concerned; *questo articolo riguarda la delinquenza giovanile,* this article (*o story*) is related to juvenile delinquency // **riguardarsi,** *v.r.* to take care of oneself, to look after oneself.

registrare, *v.t.* ① (*burocratico*) to register: *registrare le nascite, le morti, etc.,* to register births, deaths, etc.; *registrare un contratto,* to register a contract. ② (*prendere nota*) to register, to record: *registrare la merce in magazzino,* to record the merchandise in the warehouse. ③ (*di strumenti di misura*) to record, to register: *registrare una scossa di terremoto,* to record an earth tremor. ④ (*riportare*) to give, to include: *questo dizionario registra solo vocaboli con apparenti affinità,*

comandata; assicurare: *to register a letter*, spedire una lettera come raccomandata; *to register luggage*, assicurare i bagagli. ④ (*fig.*) mostrare, manifestare, esprimere: *her face registered surprise*, il suo viso manifestava stupore // *v.i.* ① registrarsi, iscriversi, immatricolarsi: *to register at a college*, iscriversi a un "college"; *to register at a hotel*, registrarsi presso un albergo; *to register with the local health centre*, iscriversi presso l'unità sanitaria locale. ② (*fig.*) (usato spec. in frasi negative) sfuggire, andare a vuoto; non lasciare traccia (nella mente): *her married name just doesn't register*, il suo nome da sposata non rimane in mente. ♦ *to register a trade-mark*, depositare un marchio di fabbrica; (*pol.*) *to register (oneself)*, iscriversi nelle liste elettorali.

regular ['regjulə*], *agg.* ① regolare: *regular verbs*, verbi regolari; *a regular pulse*, un polso (con frequenza) regolare; *regular features*, lineamenti regolari; *we meet at regular intervals*, ci incontriamo a intervalli regolari. ② (*estens.*) costante, stabile; abituale, solito; preciso; normale, medio: *he was driving at a regular speed*, guidava a velocità costante; *he is one of our regular customers*, è uno dei nostri clienti abituali (*o* fissi); *regular size*, una taglia normale (*o* media); *he has no regular work*, non ha un lavoro stabile (*o* fisso); *this is his regular seat*, questo è il suo solito posto a sedere; *as regular as a clockwork*, preciso come un orologio; *he could hear the regular tick of the clock*, riusciva ad udire il ticchettio costante (*o* regolare) della pendola. ③ normale, corrente: *that's a regular price for this item*, è un prezzo corrente per questo articolo. ④ completo, integrale, autentico; assoluto; fatto e finito; vero e proprio: *he is a regular actor*, è un attore completo; *that boy is a regular fool*, quel ragazzo è un cretino integrale; *this new syndrome is turning*

this dictionary includes only words with apparent affinities ("false friends"). ⑤ (*incidere*) to record; (*su nastro*) to tape; (*TV*) to transcribe: *l'intervista con l'autore del romanzo è stata registrata su nastro*, the interview with the author of the novel was taped. ⑥ (*mecc.*) to adjust; to set, to regulate: *registrare le puntine di un motore*, to set the points of a motor. ⑦ (*comm.*) to enter; to book: *registrare a credito, a debito*, to enter on the credit side, on the debit side.

regolare, *agg.* ① regular (*gener. gramm. mil. rel. geom.*): *sostantivi regolari*, regular nouns; *truppe regolari*, regular troops; *clero regolare*, regular clergy. ② (*nella regola*) regular, normal, standard: *ha seguito un corso regolare di studi*, he followed a normal course of studies. ③ (*uniforme*) regular, uniform, even: *una superficie regolare*, an even surface. ④ (*puntuale*) punctual: *essere regolare nei pagamenti*, to be punctual with one's payments.

into a regular epidemic, questa nuova sindrome si sta trasformando in
un'epidemia vera e propria; *he is a
regular son of a bitch,* è un emerito
figlio di puttana; *a regular nuisance,*
una vera scocciatura; *a regular doctor,* un dottore vero e proprio (un
medico con tutte le carte in regola).
⑤ (USA) (*fam.*) simpatico, piacevole; in gamba: *a regular guy,* un tipo
simpatico. ⑥ che è titolare di un posto; responsabile, vero: *he is the regular goalkeeper of our local team,* è il
vero portiere della nostra squadra
locale // *s.* ① soldato dell'esercito
regolare (*regular army*). ② cliente
abituale (o fisso). ③ religioso appar-
tenente al clero regolare. ④ (USA)
simpatizzante di un partito (che se-
gue la strategia politica dei suoi lea-
ders). ♦ (*fam.*) *to be regular*: I andare di corpo con regolarità. II (*rif. a
donne*) avere un ciclo mestruale regolare.

relation [ri'leiʃən], *s.* ① relazione,
connessione, nesso, rapporto: *your
interpretation of the political events
has a poor relation to reality,* la tua
interpretazione degli avvenimenti
politici ha uno scarso rapporto con
la realtà. ② relazioni, rapporti: *relations between my parents are good
at the moment,* i rapporti fra i miei
genitori al momento sono buoni;
business, trade relations, rapporti di
lavoro, rapporti commerciali. ③ parente, congiunto: *my husband's relations,* i parenti di mio marito; *distant relation,* parente alla lontana.
④ parentela; legame di sangue: *is
there any relation between you two?,*
c'è un legame di parentela fra voi
due?. ⑤ (*poco usato*) relazione, racconto; esposizione, resoconto: *his
relation of what happened was de-
tailed and accurate,* il suo resoconto
degli eventi è stato preciso e dettagliato. ⑥ (*pl.*) (*eufemismo*) rapporti
sessuali. ♦ *in relation to* (o *with relation to*), con riferimento a, riguardo a.

relazione, *s.* ① relation: *relazione
d'affari,* business relation; *relazione
di causa ed effetto,* the relation of
cause and effect. ② (*nesso*) connection; liaison; (*meno usato*) relation:
non c'è relazione tra i due fatti, there
is no connection between the two
facts. ③ (*pl.*) (*conoscenze*) connections, contacts, acquaintances: *ha
molte relazioni in questi ambienti,*
he has a lot of connections in these
circles. ④ (*rapporto fra persone*) relations (*pl.*): *sono in buone relazioni
con i miei vicini,* I am on good relations (o on good terms) with my
neighbours. ⑤ (*di tipo amoroso*)
(love) affair. ⑥ (*rapporto scritto*) report: *devo stendere una relazione sul
mio viaggio a Londra,* I must write a
report on my trip to London. ♦ *relazioni pubbliche,* public relations (o
PR); *relazioni umane,* human relations.

relative ['relətiv], *agg.* ① (*gramm. fis.*) relativo: *relative pronoun*, pronome relativo; *relative biological effectiveness* (*RBE*), efficacia biologica relativa; *relative humidity*, umidità relativa. ② relativo, attinente; inerente, concernente: *matters relative to the maintenance of peace*, problemi concernenti il (*o* inerenti al) mantenimento della pace. ③ relativo, relativamente parlando; se vogliamo: *the relative silence of the countryside*, il silenzio relativo della campagna; *the principal of our school is a relative newcomer*, il preside della nostra scuola è, se vogliamo (*o* in termini relativi), un nuovo venuto // *s.* ① parente, congiunto. ② termine relativo. ③ (*gramm.*) pronome relativo. ♦ (*informatica*) *relative coding*, codifica in relativo.

to relegate ['religeit], *v.t.* ① relegare; mettere; (*fam.*) sbattere: *relegate this old sofa to the trash heap*, metti questo vecchio divano nel mucchio delle immondizie. ② retrocedere (una squadra sportiva in una serie inferiore). ③ (*estens.*) confinare, bandire, esiliare. ④ assegnare a un gruppo, classificare come.

to relent [ri'lent], *v.i.* diventare più tollerante, diventare meno inflessibile; (*estens.*) ingentilirsi. NON SIGNIFICA → **rallentare**.

relevant ['relivənt], *agg.* ① relativo, attinente; pertinente: *we need the relevant information on this subject*, abbiamo bisogno di tutte le informazioni relative a questo argomento; *this is not relevant to the question*, ciò non ha alcuna attinenza con il problema; *relevant testimony*, testimonianza pertinente. ② (*estens.*) giusto, appropriato, che fa al caso; confacente: *he could use all the material that was relevant*, poteva usare tutto il materiale appropriato (*o* del caso); *that attitude was relevant to the times*, quell'atteggiamento era confacente ai tempi. NON SIGNIFICA → **rilevante**.

relativo, *agg.* ① (*gramm. fis.*) relative: *congiunzione relativa*, relative conjunction. ② (*corrispondente*) relative, relevant, relating; concerning: *i dati relativi all'anno passato*, the data concerning last year; *la domanda deve essere accompagnata dai relativi documenti*, the application form must be accompanied by the relevant documents. ③ (*rispettivo*) respective: *sono venuti a cena con le relative mogli*, they came for dinner with their respective wives. ④ (*limitato*) relative, comparative: *vivere con relativa tranquillità*, to live in comparative peace.

relegare, *v.t.* to relegate, to confine.

rallentare, *v.t.* to slacken (anche *fig.*) // *v.i.* to slow down.

rilevante, *agg.* ① considerable; substantial; remarkable; (*sorprendente*) striking: *il terremoto ha causato danni rilevanti al nostro immobile*, the quake caused considerable damage to our building; *ha avuto un aumento di stipendio rilevante*, he had a substantial salary increase; *un miglioramento rilevante*, a striking improvement. ② (*importante*) important, of consequence: *non mi sembra un'osservazione molto rilevante*, it doesn't seem to me a very important point (*o* a point of great consequence).

relic ['relik], *s.* ① resti, vestigia: *in the cloister we saw the surviving relic of an earlier church*, nel chiostro abbiamo visto i resti di una chiesa precedente. ② (*estens.*) retaggio del passato; (*oggetto*) ricordo: *these are relics of his distant past*, questi sono ricordi del suo lontano passato. ③ (*rel.*) reliquia (di un santo). ④ (*pl.*) (*raro*) salma, resti mortali.

to remark [ri'mɑːk], *v.t.* osservare, notare: *I remarked his very bad English accent*, ho notato il suo pessimo accento inglese ‖ *v.i.* commentare, fare commenti (su): *please don't remark on what I said*, per favore, non fare commenti su quello che ho detto; *"You should try to come in time", he remarked with a wry smile ...*, "Dovresti cercare di arrivare in orario", osservò con un sorrisetto ironico ... . (Esiste l'equivalente italiano "rimarcare", ma è un vocabolo letterario e non più di uso comune.) ‖ **remark**, *s.* ① osservazione, commento: *a casual remark*, un'osservazione (fatta) per inciso; *a witty remark*, un commento arguto; *he made a nasty remark about the way she dresses*, ha fatto un commento acido sul suo modo di vestire. ② nota, attenzione: *a place worthy of remark*, un posto degno di nota. (Anche qui esiste l'equivalente italiano "rimarco", ma questo orrendo termine burocratico è ormai scarsamente usato.)

repair[1] [ri'pɛə*], *s.* ① riparazione; (*estens.*) (*lavori di*) restauro: *this carpet is badly in need of repair*, questo tappeto ha urgente bisogno di riparazioni; *this television-set is beyond repair*, questo televisore non si può più riparare. ② stato (di manutenzione): *the road is in good repair*, la strada è in buono stato; *in bad repair*, in cattivo stato. ③ (*mar.*) raddobbo. → **riparazione** ■ **repair**[2], *s.* ritrovo, luogo di ritrovo (frequentato abitualmente). ‖ **to repair**[1], *v.t.* ① riparare; restaurare: *to repair*

reliquia, *s.* ① (*rel.*) relic. ② (*estens.*) memento; keepsake; relic. ③ (*pl.*) (*lett.*) remains; relics.

riparare[1], *v.t.* ① (*proteggere*) to shelter, to protect; (*fare da schermo a*) to shield, to screen. ② (*aggiustare*) to repair; to mend; (*fam.*) to fix: *questa lavatrice va riparata*, this washing machine must be fixed (o needs repair). ③ (*porre rimedio*) to make up (for); to redress; (*raro*) to repair; to rectify: *riparare un torto*, to make up for a wrong. ④ (*rif. a esami*) to repeat; to make up ‖ *v.i.* to remedy, to rectify; to set (o put) right: *riparare a un inconveniente*, to remedy a difficulty ‖ **ripararsi,**

an engine, riparare un motore. ②
(*estens.*) riassestare, rimetter in sesto; rimediare, porre rimedio a: *to repair the family fortune*, riassestare il patrimonio familiare. ③ risarcire, compensare, indennizzare: *to repair a loss*, risarcire una perdita. ■ **to repair²** *v.i.* andare, recarsi, passare; ritirarsi: *to repair to the parlor*, passare nel salotto. NON SIGNIFICA → *riparare.*

replica ['replikə], *s.* ① replica (copia di un'opera d'arte eseguita dallo stesso artista. In questa accezione non c'è discrepanza fra italiano ed inglese. Vedasi, ad esempio, il Grande Dizionario Garzanti della Lingua Italiana, 1987.). ② (*estens.*) copia, riproduzione; fac-simile: *he had in his garden a plaster replica of Venus of Milo*, nel suo giardino aveva una copia in gesso della Venere di Milo; *that starlet is a dull replica of Marilyn Monroe*, quella divetta è una copia scipita di Marilyn Monroe.

to replicate ['repli,keit], *v.t.* ① copiare, fare un duplicato (esattamente uguale). ② piegare più volte, ripiegare // *v.i.* (*biol.*) moltiplicarsi. NON SIGNIFICA → *replicare.*

to report [ri'pɔ:t], *v.t.* ① riferire, riportare (notizie); raccontare; rendere noto, comunicare; dare notizia di: *no casualties are reported following the fire in the hotel*, non si ha notizia di perdite di vite umane a seguito dell'incendio nell'albergo; *the gossip press reports that the famous pop star is pregnant*, la stampa pettegola riporta la notizia che la famosa pop star è incinta. ② (*giorn. radio* TV) fare la cronaca, dare il resoconto di: *to report the top summit*, fare la cronaca dell'incontro al vertice. ③ verbalizzare, redigere il verbale di: *to report the proceedings of a meeting*, verbalizzare gli atti di un incontro.

v.r. to take shelter; to protect oneself. ■ *riparare²*, *v.i.* (*rifugiarsi*), to take refuge (o shelter): *riparare all'estero*, to take refuge abroad.

replica, *s.* ① (*risposta*) reply, retort; answer; (*obiezione*) objection: *non ammetto repliche su questo punto*, I allow for no objections on this point. ② (*ripetizione*) repetition, repeating: *la replica di un esperimento non riuscito*, the repetition of an unsuccessful experiment. ③ (*teat.*) performance; run; (TV) (recorded) repeat: *la commedia ebbe molte repliche*, the play had a long run; *questa sera si replica*, tonight there will be a repeat performance. ④ (*arte*) replica; (*estens.*) copy.

replicare, *v.t.* ① to reply; (*con forza*) to retort. ② (*obiettare*) to object; to question: *devi ubbidire senza replicare*, you must obey without questioning (o question). ③ (*teat.* TV) to repeat; to run: *la commedia fu replicata solo tre volte*, the play had a run of only three nights.

riportare, *v.t.* ① to bring back (anche *fig.*); to take back; (*condurre di nuovo*) to take again: *ti riporterò il giornale domani*, I'll bring you back the newspaper tomorrow; *quando mi riporterai a teatro?*, when are you going to take me to the theatre again?. ② (*riferire*) to tell, to relate; (*giorn.*) to report, to carry; to cover; (*citare*) to quote: *nella sua recensione del libro riporta alcune frasi dell'autore*, in his review of the book he quotes a few sentences of the author; *tutti i giornali riportano la notizia dell'incontro al vertice USA-URSS*, the news of the USA-USSR summit is covered by all

④ denunciare; notificare: *he reported the theft of his wallet*, ha denunciato il furto del suo portafogli // *v.i.* ① riferire; (*mil.*) andare a rapporto; essere alle dipendenze dirette di; mettersi a disposizione di (per ricevere ordini); indirizzarsi, rivolgersi: *I was told to report to the business manager secretary for the interview for the new job*, mi è stato detto di rivolgermi alla segretaria del direttore commerciale per il colloquio di assunzione per un nuovo lavoro; *for this special project you have to report to the managing director*, per questo progetto speciale dovrai riferire direttamente (sarai alle dipendenze dirette di) all'amministratore delegato. ② fare il reporter, lavorare come cronista. ③ (*raro*) dare notizie di sé. ④ stendere un rapporto (su): *he will report on the unemployment of graduated people*, scriverà un rapporto sulla disoccupazione dei laureati. ♦ *it is reported that* ..., si dice che ... ; *to report sick*, darsi per malato, notificare la malattia (nei confronti del datore di lavoro); *to report fit (for work)*, comunicare di essere in grado di riprendere il lavoro; *to report back:* I riferire su incarico specifico. II notificare (o comunicare) il proprio rientro (dopo un periodo di assenza).

to reprove [ri'pru:v], *v.t.* rimproverare, redarguire, sgridare; criticare (aspramente); biasimare: *reproving letter*, lettera di biasimo; *he reproved his daughter for staying out late*, ha rimproverato sua figlia per essere tornata a casa tardi. Questo verbo viene definito dal "Collins Cobuild" (1987) come formale. Virginia Browne, nel suo dizionario "Odd Pairs & False Friends" (Zanichelli, 1987), conferma che il termine è piuttosto ufficiale e solenne, anche se blando, se usato in ambito familiare, mentre usato a livello gerarchico in ambito di lavoro esprime, in modo formale, un severo biasimo. NON SIGNIFICA → *riprovare¹*.

(news)papers; *l'avvenimento è riportato in prima pagina*, the event is carried on the front page. ③ (*fig.*) (*ricevere*) to receive, to get, to have; to carry off: *riportare una buona impressione*, to get (o have) a good impression; *riportò il secondo premio*, he carried off the second prize; *il nostro esercito riportò la vittoria*, our army carried off the victory. ④ (*subire*) to suffer; to receive: *riportare danni*, to suffer damages; *riportare una leggera ferita*, to receive a slight injury (o to be slightly wounded). ⑤ (*mat.*) to carry: *scrivo 3 e riporto 1*, I write 3 and carry 1. ⑥ (*disegno*) to transfer // **riportarsi**, *v.r.* ① (*ritornare con il pensiero*) to think (o to go) back, to look back. ② (*riferirsi*) to refer.

riprovare¹, *v.t.* ① (*provare di nuovo*) to try again; (*rif. a sentimenti*) to feel again. ② (*di abiti, etc.*) to try on again; (*dal sarto*) to have another fitting. ③ (*tec.*) to test again. ④ (*teat.*) to rehearse again // **riprovarsi**, *v.i.pron.* to try again. ■ **riprovare²**, *v.t.* (*biasimare*) to disapprove of; to criticize; to censure.

repugnant [ri'pʌgnənt], *agg.* ① ripugnante, sgradevole, disgustoso: *unclean and repugnant food*, cibo non pulito e disgustoso; *repugnant smell*, un odore ripugnante. ② in contraddizione, incompatibile: *actions repugnant to his words*, un modo di agire in contraddizione con le sue parole.

to reserve [ri'zɔ:v], *v.t.* ① riservare; conservare, serbare, mettere da parte: *they reserve money for hard times*, mettono da parte denaro per i tempi duri; *I want to reserve my strength for the race*, voglio conservare le mie energie per la corsa. ② riservarsi: *to reserve the right to refuse*, riservarsi il diritto di rifiutare. ③ prenotare, riservare: *to reserve a theatre seat*, prenotare un posto a teatro; *to reserve a table in a restaurant*, prenotare un tavolo in un ristorante.

resolution [ˌrezə'lu:ʃən], *s.* ① risoluzione, decisione; intenzione, proposito: *I made a resolution to give up smoking*, ho preso la decisione di smettere di fumare; *he was full of good resolutions, but he did nothing as his usual*, era pieno di buoni propositi ma, come al solito, non ha fatto niente. ② risolutezza, fermezza, decisione: *to show resolution*, mostrare risolutezza. ③ deliberazione, risoluzione: *a resolution of U.N.O.*, una risoluzione dell'O.N.U. ④ soluzione: *the resolution of a dilemma*, la soluzione di un dilemma. ⑤ (*chim. mat. mus.*) risoluzione.

response [ri'spɔns], *s.* ① risposta; replica; responso: *he gave no response to my question*, non diede alcuna risposta alla mia domanda; *the response of an oracle*, il responso di un oracolo. ② reazione: *there was no response to the treatment*, non ci fu alcuna reazione al trattamento. ③ (*rel.*) responsorio.

ripugnante, *agg.* disgusting, repugnant, revolting: *in quel luogo c'era un odore ripugnante*, the place smelled disgusting.

riservare, *v.t.* ① to reserve: *mi aveva riservato il posto migliore*, he had reserved the best seat for me. ② (*prenotare*) to book, to reserve: *ho fatto riservare un tavolo al ristorante*, I had a table reserved at the restaurant. // **riservarsi,** *v.r.* ① to reserve. ② (*ripromettersi*) to intend; to propose: *mi riservo di rispondergli più tardi*, I intend to answer him later.

risoluzione, *s.* ① (anche *fig.*) (re)solution; solving: *la risoluzione di un dubbio*, the resolution of a doubt; *tentare la risoluzione di un problema*, to try to solve (*o the* solving of) a problem. ② (*decisione*) resolution, decision: *prendere una risoluzione decisiva*, to make a crucial decision. ③ (*delibera*) resolution: *risoluzione ordinaria*, ordinary resolution; *risoluzione speciale*, special resolution; *risoluzione straordinaria*, extraordinary resolution. ④ (*chim. dir. mat. mus.*) resolution.

responso, *s.* ① (*di un oracolo*) response. ② (*estens.*) response; (solemn) opinion: *il responso dei medici*, the opinion of the doctors; *il responso della giuria*, the jury's response (*o* verdict).

rest¹ [rest], *s.* ① riposo; pausa, sosta; dormita: *Sunday is my day of rest*, domenica è il mio giorno di riposo; *let's stop for a rest*, facciamo una sosta; *I had a good night rest*, stanotte ho fatto una buona dormita. ② ricovero; asilo, rifugio. ③ supporto, sostegno; (di stecca da biliardo) ponte. ④ (*mus.*) pausa. ♦ *to come to rest*, fermarsi; *to lay to rest*, seppellire; *to set s.o.'s mind at rest*, tranquillizzare qd.; *at rest*, fermo, immobile; (*estens.*) morto; (USA) *rest room*, toilette, gabinetto. ■ **rest²** *s.* ① resto, rimanente; gli altri: *the rest of the company*, il resto della compagnia. ② (*pl.*) avanzi, resti.

restitution [ˌrestiˈtjuːʃən], *s.* ① restituzione: *the restitution of the stolen car to the owner*, la restituzione dell'auto rubata al proprietario. ② risarcimento, rimborso; riparazione (di danni, anche morali). ♦ *to make restitution*, riparare un torto.

restoration [ˌrestəˈreiʃən], *s.* ① restaurazione: *the restoration of the monarchy*, la restaurazione della monarchia. ② recupero: *the restoration to health and strength*, il recupero di salute e di forze. ③ (*dir.*) reintegrazione: *the restoration of stolen properties*, la reintegrazione (nel possesso) di proprietà rubate. ④ restauro: *the restoration of an old cathedral*, il restauro di una vecchia cattedrale. ⑤ ripristino, ristabilimento: *the restoration of public order*, il ristabilimento dell'ordine pubblico // (*st.*) *Restoration*, Restaurazione (1660). In questa data Carlo II Stuart diventò Re d'Inghilterra e di Scozia, dopo un periodo di instabilità politica che era seguito alla morte di Oliver Cromwell. Con il medesimo termine di "Restaurazione" viene definita un'epoca letteraria, specialmente teatrale, e uno stile architettonico tipico dell'Inghilterra di quel periodo. NON SIGNIFICA → *ristorazione*.

resto, *s.* ① rest, remainder: *ho passato il resto della settimana al mare*, I spent the rest of the week at the seaside; *quanto al resto*, for the rest; *la maggior parte entrò e il resto andò via*, most people came in and the remainder left. ② (*differenza in denaro*) change: *può darmi il resto di una sterlina?*, can you give me change for a pound note?. ③ (*mat.*) remainder. ④ (*pl.*) leftovers: *i resti del pranzo*, the leftovers from the dinner. ⑤ (*pl.*) (*ruderi*) ruins, remains. ♦ *resti mortali*, mortal remains.

restituzione, *s.* ① restitution, return, giving back; (*rimborso*) repayment: *la restituzione di un prestito*, the repayment of a loan. ② (*contraccambio*) return(ing), repaying: *la restituzione di un favore*, the returning of a favour.

ristorazione, *s.* (*collettiva*) catering.

to retain [ri'tein], *v.t.* ① conservare: *to retain one's balance*, conservare il proprio equilibrio. ② trattenere: *to retain heat*, trattenere il calore. ③ conservare, ricordare, ritenere: *she retains a clear memory of her school days*, conserva un nitido ricordo dei suoi giorni di scuola. ♦ *to retain a lawyer*, impegnare un avvocato pagando un anticipo sull'onorario.

to retaliate [ri'tælieit], *v.i.* rendere la pariglia; fare una rappresaglia: *to retaliate upon s.o.*, ripagare qd. con la stessa moneta // *v.t.* ribattere, ritorcere, ricambiare (insulto, offesa). NON SIGNIFICA → **ritagliare**.

to retire [ri'taiə*], *v.i.* ① ritirarsi, appartarsi: *she retired to the drawing room*, si ritirò in salotto. ② andare a letto, ritirarsi nella propria camera: *she retired early with assorted magazines*, andò a letto presto portandosi delle riviste di vario genere. ③ andare in pensione: *he retired at 65*, andò in pensione a 65 anni // *v.t.* ① (far) ritirare: *to retire troops from action*, ritirare le truppe dal combattimento; *to retire outdated machinery*, ritirare (o togliere dalla circolazione) il macchinario antiquato. ② mandare in pensione. ♦ *a retired life*, una vita solitaria; *a retired man*, un pensionato // **retiring** [ri'taiəriŋ], *agg.* ① (*lett.*) chiuso in se stesso, introverso: *a clumsy and retiring girl*, una ragazza goffa e chiusa in se stessa. ② che ha raggiunto l'età del pensionamento.

retribution [,retri'bju:ʃən], *s.* (*lett.*) castigo, punizione: *the divine retribution*, il castigo divino. NON SIGNIFICA → **retribuzione**.

ritenere, *v.t.* ① to think, to believe, to feel, to consider: *ritengo che abbia ragione*, I think he is right; *ritengo che sia mio dovere aiutarli*, I feel it my duty to help them; *lo ritengo un ragazzo sveglio*, I consider him (to be) a clever boy. ② (*ricordare*) to retain, to remember, to keep in mind: *non riesce a ritenere quello che impara*, she can't keep in mind what she learns // **ritenersi**, *v.r.* to think oneself, to consider oneself: *si ritiene un genio*, he thinks he's a genius.

ritagliare, *v.t.* to cut out, to clip: *ritagliare un'illustrazione da un giornale*, to clip a picture from a newspaper.

ritirare, *v.t.* ① (anche *fig.*) to withdraw: *la tartaruga ritirò la testa*, the turtle withdrew its head; *ritirare una promessa*, to withdraw a promise. ② (*farsi consegnare*) to collect; (*prelevare*) to draw: *ritirare un pacco*, to collect a parcel; *ritirare una somma di denaro*, to draw a sum // **ritirarsi**, *v.r.* ① (*tirarsi indietro*) to withdraw: *l'esercito si ritirò*, the army withdrew. ② (*appartarsi*) to retire, to withdraw. ③ (*interrompere un'attività*) to retire: *ritirarsi dagli affari*, to retire from business // *v.i.pron.* ① (*accorciarsi, restringersi*) to shrink: *gli indumenti di lana si ritirano lavandoli*, woollen clothes shrink in the wash. ② (*defluire*) to recede; (*di marea*) to ebb: *le acque si ritirano dalla sponda*, the waters are receding from the shore; *la marea si sta ritirando lentamente*, the tide is ebbing slowly.

retribuzione, *s.* ① pay(ment), remuneration; (*stipendio*) salary; (*salario*) wages (*pl.*). ② (*ricompensa*) reward.

return [ri'tə:n], *s.* ① ritorno: *on his return he reported to his boss*, non appena tornato, andò a riferire al suo capo; *a return to power of the majority party*, un ritorno al potere del partito di maggioranza; *this year we had an early return of spring*, quest'anno abbiamo avuto un ritorno precoce della primavera; *many happy returns of the day!*, cento di questi giorni! (formula augurale di buon compleanno o anniversario). ② restituzione, ritorno, resa: *our lending library demands the return of the books within a fortnight*, la nostra biblioteca circolante esige la restituzione dei libri entro due settimane. ③ profitto, guadagno, utile; dividendo: *we had a quick return on the money invested*, abbiamo tratto un utile, in tempi brevi, dal denaro investito; *we got a net return of 40%*, ci ha dato un profitto netto del 40%. ④ (*sport*) (colpo di) rimando, ribattuta, rinvio: *the Swedish tennis player hit a splendid return*, il tennista svedese eseguì uno spettacolare rimando. ⑤ (*dir.*) relazione di notifica. ⑥ (*pl.*) resa di merce invenduta (specialmente libri e giornali). ⑦ (*pl.*) risultati elettorali. ⑧ (*pl.*) (*banca*) titoli di credito restituiti // *agg.* usato con valore attributivo: (*mil.*) *return fire*, fuoco di rimando; *return match*, partita di ritorno (o rivincita); (*teat.*) *a return performance*, una replica; (GB) (*mezzi di trasporto*) *a return* (*ticket*), un biglietto di andata e ritorno: *a first class return*, un biglietto di prima (classe) di andata e ritorno. ♦ *a bank return*, un estratto conto bancario; *to make out an income tax return*, compilare la denuncia dei redditi; *a sales return*, un rendiconto sull'andamento delle vendite; *return to cost*, rendimento di costo; *in return for*, in cambio di: *you get benefits in return for paying taxes*, si hanno dei vantaggi in cambio delle tasse pagate; *by return (of) post* (o USA *mail*), a stretto giro di posta; (*aer.*) *point of no return*, punto di non ritorno (punto in cui l'ae-

ritorno, *s.* ① return; (spec. USA) comeback: *al mio ritorno*, on my return; *il suo ritorno alla vita politica è stato orchestrato con magnificenza*, his comeback to political life was staged with grandeur. ② (*viaggio di ritorno*) return trip, trip (o way) back: *sulla via del ritorno mi fermerò a Firenze*, I'll stop in Florence on my way back. ♦ *essere di ritorno*, to be back; (*sport*) *partita di ritorno*, return match; *viaggio di andata e ritorno*, round trip; *vuoti di ritorno*, empties; (*comm.*) *merci di ritorno*, returns.

reo ha superato la metà del percorso, per cui, in caso di guasto, non conviene tornare indietro). L'espressione viene anche usata come metafora nel linguaggio figurato per significare che ormai, in un lavoro o in una situazione, bisogna procedere in ogni caso, perché non è più possibile fare marcia indietro.

ribald ['ribəld], *agg.* (*lett.*) volgare, scurrile, sguaiato; (*di linguaggio*) sboccato, osceno: *a ribald laughter*, una risata sguaiata; *ribald songs*, canzoni oscene; *a ribald joke*, una barzelletta scurrile; *a ribald jest*, uno scherzo volgare (*o* di pessimo gusto) // *s.* persona sboccata; tipo scurrile. NON SIGNIFICA → *ribaldo*.

ribaldo, *s.* rogue, rascal, scoundrel.

riotous ['raiətəs], *agg.* ① dissipato, dissoluto, sfrenato, dedito agli eccessi: *riotous living*, vita dissipata. ② (*estens.*) movimentato; di un'allegria sfrenata; fragoroso; incontrollato: *we spent a riotous night drinking and singing*, trascorremmo una notte di baldoria bevendo e cantando; *they gave us a riotous welcome*, ci diedero il benvenuto con incontrollate manifestazioni di gioia; *a riotous growth*, una crescita incontrollata; *a riotous laughter*, una risata fragorosa. ③ turbolento; violento, vandalico: *the crowd became riotous*, la folla diventò turbolenta; *he was found guilty of riotous behaviour*, fu dichiarato colpevole di atti vandalici. NON SIGNIFICA → *riottoso*.

riottoso, *agg.* unruly; turbulent; (*litigioso*) quarrelsome: *un ragazzo riottoso*, an unruly child.

romance¹ [rə'mæns], *s.* ① (*st. lett.*) romanzo (*o* poema) cavalleresco; romanzo cortese: *the "Roman de la Rose" is an allegorical metrical romance of the 13th century*, il "Romanzo della Rosa" è un poema allegorico in versi del XIII secolo. ② romanzo avventuroso; racconto fantastico, racconto romanzesco: *historical romances*, racconti fantastici di ambientazione storica. ③ (*estens.*) avventura amorosa, idillio; storia romantica; flirt: *a wartime ro-*

romanzo¹, *s.* ① novel; (*romanzo cortese*) romance. ② (*come genere letterario*) fiction. ③ (*estens.*) adventurous life; life full of romance: *la sua vita è un romanzo*, his life is full of romance. ♦ *romanzo d'appendice*, serial; *romanzo di cappa e spada*, cloak and dagger novel; *romanzo fiume*, saga; *romanzo giallo*, thriller, detective story; *romanzo rosa*, love story; (TV) *romanzo sceneggiato*, TV serial. ■ *romanzo²*, *agg.* (*filologia*) Romance, Romanic.

mance, una romantica storia d'amo-
re del tempo di guerra; *he's having a
little romance with Mary Lou*, in questo momento sta flirtando con Mary
Lou. ④ aspetto romantico, fascino,
alone di leggenda; richiamo romantico: *the romance of life in the South
Seas*, il richiamo romantico della vita nei Mari del Sud; *the romance of
travelling by de-luxe cruiser*, il fascino dei viaggi su navi da crociera di
lusso. ⑤ (*mus.*) romanza // *agg.*
(usato con valore attributivo) romanzesco; romanzato. ■ **romance²**
agg. (*filologia*) romanzo: *Romance
languages*, lingue romanze.

romancer [rə'mænsə*], *s.* (*lett.*) ①
autore di poemi cavallereschi. ②
autore di racconti fantastici con
complicati intrecci amorosi. ③ chi
racconta storie inverosimili (o poco
aderenti alla realtà); individuo far-
neticante. ④ (*fam.*) mentitore; bu-
giardo. NON SIGNIFICA PIÙ → *romanziere*.

romanziere, *s.* novelist.

Romanesque [,roumə'nesk], *agg./s.*
romanico: *Romanesque architec-
ture*, architettura romanica. NON SI-
GNIFICA → *romanesco*.

romanesco, *s.* dialect spoken in
(modern) Rome.

rosary ['rouzəri], *s.* ① (*rel.*) rosario.
② (*estens.*) serie di preghiere. ③ (*raro*) roseto.

rosario, *s.* ① rosary. ② (*fig.*)
string; volley: *un rosario di bestem-
mie*, a volley of oaths.

rude [ru:d], *agg.* ① scortese, maleducato, villano: *a rude gesture*, un
gesto villano; *a rude reply*, una risposta scortese. ② volgare, scurrile;
di pessimo gusto; (*fam.*) osceno: *a
rude joke*, una barzelletta di pessimo gusto; *a rude noise*, un rumore
scurrile; *a rude book*, un libro sporco (osceno). ③ rozzo, grezzo; ap-
prossimativo; abbozzato; primitivo:
a rude stone, una pietra grezza; *rude
drawings*, disegni rudimentali; *a
rude hut*, un misero capanno primitivo; *a rude and savage nation*, un
paese rozzo e primitivo; *a rude ap-
praisal*, una valutazione approssi-
mativa. ④ violento; brusco, improv-

rude, *agg.* ① (*rozzo*) rough; (*severo*) harsh: *voce rude*, harsh voice. ②
(*duro*) hard, tough: *un tipo rude*, a
tough guy.

viso: *a rude shock,* un colpo violento; *a rude awakening to reality,* un brusco risveglio di fronte alla realtà. ⑤ robusto, vigoroso: *rude health,* salute robusta. ♦ *rude words,* parolacce.

ruffian ['rʌfiən], *s.* (*lett.*) mascalzone, farabutto, furfante; brutto ceffo: *we were attacked by a band of ruffians,* siamo stati attaccati da una banda di brutti ceffi. NON SIGNIFICA → *ruffiano.*

rumour ['ruːmə*], USA: **rumor** *s.* ① voce, diceria: *there's nothing against him but rumour,* non c'è niente contro di lui, solo dicerie; *rumour has it that he is broke,* corre voce che si trovi in cattive condizioni economiche. ② pettegolezzi, chiacchiere: *I heard all kinds of rumour(s) about her,* ho sentito chiacchiere di ogni genere su di lei. ♦ *there's a rumour that...,* corre voce che... NON SIGNIFICA → *rumore.*

rupture ['rʌptʃə*], *s.* ① rottura: *rupture of a blood vessel,* rottura di un vaso sanguigno. ② (*fig.*) frattura: *there were ruptures in the party,* ci furono fratture nel partito. ③ (*med.*) ernia.

ruffiano, *s.* ① pimp, pander, procurer; (*intrallazzatore*) go-between. ② (*leccapiedi*) toady.

rumore, *s.* ① noise, sound: *il rumore del traffico,* the noise of traffic; *il rumore delle voci,* the sound of voices. ② (*chiasso*) noise, din, uproar: *il rumore della folla,* the din of the crowd. ③ (*fig.*) stir, sensation: *la notizia fece rumore,* the news caused some stir. ♦ *rumori cardiaci,* cardiac (*o* heart) sounds.

rottura, *s.* ① break, breakage: *saldare la rottura di un tubo,* to solder the break in a pipe. ② (*fig.*) breach, breakdown, breaking off: *la rottura di un contratto,* the breach of a contract; *la rottura dei negoziati,* the breakdown of negotiations; *la rottura di un fidanzamento,* the breaking off of an engagement. ③ (*seccatura*) drag; bore. ④ (*in ippica*) break. ♦ (*fam.*) *una rottura di scatole,* a pain in the ass.

S

salary ['sæləri], *s.* stipendio: *she asked for an increase in salary,* ha chiesto un aumento di stipendio; *I'm living on a teacher's salary,* vivo con uno stipendio da insegnante. NON SIGNIFICA → *salario.*

salario, *s.* wage, wages (*pl.*): *ha un misero salario settimanale,* he earns a meagre wage a week. ♦ *un salario da fame,* a living wage.

to salve [sɑːv], *v.t.* ① placare, lenire, sedare: *he tried to salve his conscience with excuses,* cercò di placare (o mettersi a posto) la coscienza con delle scuse. ② ungere con un balsamo (o unguento). Nell'uso di questo verbo il significato traslato, o metaforico, è ormai preponderante rispetto a quello letterale. NON SIGNIFICA → *salvare.*

salvare, *v.t* ① to save (*anche fig.*); (*trarre in salvo*) to rescue: *salvare la vita di una persona,* to save a person's life; *il suo intervento salvò la situazione,* his intervention saved the situation; *fu salvato dalle acque gelide,* he was rescued from the ice cold water. ② (*salvaguardare*) to safeguard, to protect: *salvare l'onore, la reputazione,* to protect one's hono(u)r, reputation // **salvarsi,** *v.r.* ① to save oneself: *si salvò a nuoto,* he saved himself by swimming. ② (*sfuggire*) to escape: *nessuno si salva dalle sue calunnie,* nobody escapes his slanders. ③ (*rel.*) to be saved. ♦ *salvare la faccia,* to save one's face; *salvare le apparenze,* to keep up appearances; *salvarsi per il rotto della cuffia,* to escape by the skin of one's teeth; *si salvi chi può!,* every man for himself!

sanctuary ['sæŋktjuəri], *s.* ① santuario; chiesa, tempio. ② presbiterio; sancta sanctorum. ③ rifugio, asilo (la traduzione letterale "santuario", che si trova talvolta nel linguaggio giornalistico, è impropria e arbitraria): *England has always been a sanctuary for political refugees,* l'Inghilterra è sempre stata un

santuario, *s.* sanctuary (*anche fig.*): *il santuario della famiglia,* the sanctuary of the family.

rifugio d'elezione per gli esiliati politici; *they forced the enemy out of his sanctuary*, costrinsero il nemico ad uscire dal suo nascondiglio. ④ (riserva faunistica) santuario: *a bird sanctuary*, un santuario degli uccelli. ♦ *right of sanctuary*, diritto di asilo; *to take sanctuary*, rifugiarsi; *to seek sanctuary*, cercare asilo.

sane [sein], *agg.* ① sano di mente, equilibrato: *to keep sane*, mantenere il proprio equilibrio. ② sensato, ragionevole; basato sul buon senso: *that's a sane policy*, questa è una linea politica basata sul buon senso; *a sane idea*, un'idea sensata. NON SIGNIFICA → *sano*.

sano, *agg.* ① healthy, sound; (*lett.*) (*rif. a persona anziana*) hale: *era sano e robusto e con un buon appetito*, he was healthy and robust and had a good appetite; *era anziano e non molto sano*, he was elderly and not very hale; *sano di mente*, sane (*o* mentally healthy); *denti sani*, sound teeth; *frutta sana*, sound fruit. ② (*salubre, salutare*) wholesome, healthy: *cibo sano*, wholesome food; *colorito sano*, healthy complexion. ③ (*fig.*) sound, wholesome: *sani principi*, sound principles. ④ (*intatto, intero*) whole, sound: *non era rimasto un solo piatto sano*, there wasn't a single whole plate left. ♦ *sano e salvo*, safe and sound; *sano come un pesce*, as fit as a fiddle.

sanguine ['sæŋgwin], *agg.* Vocabolo piuttosto ricercato anche nelle sue accezioni più moderne. ① ottimista, ottimistico, incline all'ottimismo; speranzoso: *her expectations are not so sanguine*, le sue aspettative non sono particolarmente ottimistiche; *he has a sanguine temperament*, per natura è incline all'ottimismo. ② rubicondo, rubizzo: *a sanguine complexion*, un incarnato (*o* volto) rubicondo. ③ (*lett.*) sanguigno (nella tipologia umana, secondo la fisiologia medievale). ④ (*lett.*) sanguinario, assetato di sangue.

sanguigno, *agg.* ① (*anat.*) of the blood, blood: *gruppo sanguigno*, blood group; *vaso sanguigno*, blood vessel. ② (*rif. a temperamento*) full-blooded, hot-tempered; (*lett.*) sanguine. ③ (*rif. a colore*) blood-red, blood: *arancia sanguigna*, blood orange.

sanity ['sæniti], *s.* ① sanità di mente, equilibrio mentale: *he managed to save his sanity*, riuscì a salvare il suo equilibrio mentale. ② (*estens.*) buon senso, ragionevolezza. NON SIGNIFICA PIÙ → *sanità*.

sanità, *s.* ① (*salubrità*) healthiness. ② (*ente*) Public Health; Health Service. ③ (*mil.*) Medical Corps. ④ (*raro*) (*mentale*) sanity. ♦ *Ministero della Sanità*, Ministry of Health.

saturnine ['sætənain], *agg.* ① triste, cupo in volto, malinconico; taciturno: *a saturnine, almost misanthropic young artist,* un giovane artista cupo e malinconico, quasi misantropo. ② *(raro)* saturnino; affetto da saturnismo.

saturnino, agg. ① *(raro)* *(lett.)* Saturnian, of Saturn. ② *(med.)* lead; *(raro)* *(lett.)* saturnine: *intossicazione saturnina,* lead poisoning.

to scald [skɔ:ld], *v.t.* ① bruciare; scottare, ustionare: *he scalded his right arm with boiling water,* si è scottato il braccio destro con l'acqua bollente. ② sterilizzare (con acqua che bolle). ③ *(gastr.)* sbollentare; portare al punto di ebollizione; sobbollire: *to scald a tomato before peeling it,* sbollentare un pomodoro prima di pelarlo; *to scald milk,* portare il latte al punto di ebollizione // *v.i.* bruciarsi; scottarsi, ustionarsi: *he scalded on the hot tea,* si è bruciato con il tè bollente. ♦ *to scald the dishes,* lavare i piatti con acqua bollente // **scalding** ['skɔ:ldiŋ], *agg.* ① bollente, che scotta, che brucia; rovente: *scalding coffee,* caffè bollente; *her forehead was scalding hot,* la sua fronte era rovente. ② *(estens.)* cocente, rovente: *scalding tears,* lacrime cocenti. ③ *(fig.)* pungente, pepato, che toglie il pelo: *a very scalding letter,* una lettera che toglie il pelo; *a scalding comment on human avarice,* un commento pungente sull'avarizia umana. NON SIGNIFICA → *scaldare.*

scaldare, v.t. ① to warm (up); *(portare a una temperatura più elevata)* to heat (up): *scaldare l'acqua,* to heat the water; *mi sono scaldato le mani sul calorifero,* I warmed my hands on the radiator; *sta riscaldando il pollo nel forno,* she is heating up the chicken in the oven. ② *(fig.)* to excite, to inflame // *v.i.* to give out heat; to be warm: *il sole incomincia a scaldare,* the sun is beginning to get warm // *scaldarsi, v.r.* to warm oneself: *scaldarsi al fuoco,* to warm oneself at the fire // *v.i.pron.* ① to get hot, to heat (up); to get warm, to warm (up): *l'acqua si sta scaldando,* the water is heating (o getting hot). ② *(fig.)* *(accalorarsi)* to get heated (o excited); *(irritarsi)* to get angry: *si scalda per delle sciocchezze,* he gets angry over nothing. ♦ *(aut.)* *scaldare il motore,* to warm up the engine; *scaldarsi i muscoli,* to warm up.

scale¹ [skeil], *s.* ① *(bot.zool.)* scaglia, squama: *take off the scale of the fish with a knife,* togli le squame del pesce con un coltello. ② strato sottile, lamella, lamina; *(fig.)* benda, velo: *to remove the scales from s.o.'s eyes,* togliere le bende dagli occhi di qd. ③ incrostazione di calcare (in una pentola, bollitore, etc.) ④ *(rif. a denti)* tartaro. ■ **scale²** *s.* ① piatto della bilancia; (USA) bilancia. ② *(gener.pl.)* bilancia; bascula: *a pair of scales,* una bilancia. ♦ *bathroom scale,* la bilancia del bagno. ■ **scale³** *s.* ① scala (in tutti i significati tecnici del termine, anche in matematica e musica): *Richter invented a scale*

scala, s. ① *(arch.)* staircase; *(scalone)* stairway; stairs (pl.): *una rampa di scale,* a flight of stairs; *salire, scendere le scale,* to go upstairs, downstairs. ② *(fig.)* *(portata)* scale: *su scala internazionale,* on an international scale; *su vasta scala,* on a large scale. ③ *(tec. mat. mus. geog.)* scale: *scala delle durezze,* scale of hardness. ④ *(successione)* order, sequence; *(gamma)* range. ⑤ *(nei giochi delle carte)* straight, run; *(scala reale)* flush. ♦ *scala allungabile,* extension ladder; *scala a chiocciola,* winding (o spiral) staircase; *scala di corda,* rope ladder; *scala di sicurezza (o di emergenza),* fire-escape (o

by which earthquakes are measured, Richter ha inventato una scala per la misurazione dei sismi; *decimal scale*, scala decimale; *temperature scale*, scala termometrica; *social scale*, scala sociale; *evolutionary scale*, scala evolutiva; *scale of values*, scala dei valori; *a map on a scale of 1:10.000.000*, una carta (geografica) in scala di 1:10.000.000; (*mus.*) *the scale of C*, la scala di Do; (*mus.*) *to play the scales*, suonare le scale. ② (*estens.*) scala, grandezza; dimensione, portata: *you must take into consideration the scale of modern China*, devi prendere in considerazione le dimensioni della Cina moderna; *on a large scale*, su vasta scala; *large in scale*, di vasta portata; *a full scale novel*, un romanzo di ampia portata (*o* di ampio respiro); *on a small scale*, su scala ridotta. ③ strumento di misura; regolo, riga graduata, righello. ♦ *a scale model*, un modello in scala; *out of scale*, sproporzionato.

scalpel ['skælpəl], *s.* ① (*med.*) bisturi (per dissezione). ② (*raro*) scalpello (per scolpire il legno).

scandal ['skændl], *s.* ① scandalo: *a major scandal in our political life*, uno scandalo di grossa entità nella nostra vita politica; *lobbyists are a national scandal*, gli intrallazzatori del sottogoverno sono uno scandalo nazionale. ② maldicenze, pettegolezzi, dicerie, chiacchiere: *stop repeating scandal about your neighbours*, smettila di diffondere maldicenze sui tuoi vicini. ③ (*dir.*) diffamazione. ♦ *scandal sheet*, pubblicazione scandalistica → **scandalo** // **scandalous** ['skændələs], *agg.* ① scandaloso: *a scandalous behaviour*, un comportamento scandaloso. ② diffamatorio, denigratorio: *scandalous rumour*, voci diffamatorie. → **scandaloso**.

emergency stairs); *scala graduata*, graduated scale; *scala a libro* (*o a forbice*), stepladder; *scala mobile*: I escalator. II (*econ.*) sliding scale; *scala a pioli*, ladder; *scala portatile*, stepladder; *scala porta* (*o aerea*), extension ladder; (*geol.*) *scala sismica*, seismic scale; *ridurre in scala*, to scale down.

scalpello, *s.* ① chisel; (*raro, per il legno*) scalpel: *scalpello da muratore*, stone chisel; *scalpello da sbozzo*, boaster; *sgorbia, scalpello tondo* (*o concavo*), gouge; *scalpello da intagliatore*, scooper. ② (*med.*) chisel. ③ (*tec. mineraria*) rock drill. ♦ *lavorare di scalpello*, to sculpture.

scandalo, *s.* scandal: *lo scandalo del Watergate*, the Watergate scandal; *fare uno scandalo*, to stir up (*o* to create) a scandal. ♦ *dare scandalo*, to scandalize; *pietra dello scandalo*, source of all scandals; (*fig.*) *gridare allo scandalo*, to cry shame // *scandaloso*, *agg.* scandalous, outrageous, shocking: *era avido in modo scandaloso*, he was outrageously greedy.

scarcely ['skɛəsli], *avv.* ① a malapena, a fatica, appena appena: *I can scarcerly remember the movie we saw last week,* ricordo a fatica (o faccio fatica a ricordarmi) il film che abbiamo visto la settimana scorsa; *there was scarcerly a moment I could relax for a while,* a malapena c'è stato un momento per potermi rilassare (o si può dire che non ho quasi potuto rilassarmi per un momento). ② probabilmente no, neanche per sogno, (niente) affatto: *that was scarcerly true,* con ogni probabilità ciò non era affatto vero; *I need scarcerly say* ... , non c'è affatto bisogno che dica ... ; *that is scarcerly the point,* questo non è (affatto) il punto essenziale. NON SIGNIFICA → *scarsamente*.

scholar ['skɔlə*], *s.* ① studioso; erudito: *a scholar of medieval German literature,* uno studioso di letteratura tedesca medievale. ② studente che usufruisce di una borsa di studio, borsista // **scholarship** ['skɔləʃip], *s.* ① erudizione; cultura. ② borsa di studio. ♦ *(ironico) he's not much of a scholar,* sa appena leggere e scrivere. NON SIGNIFICA → *scolaro*.

scope [skoup], *s.* ① capacità di percepire, di capire; portata: *a problem within his scope,* un problema alla sua portata. ② opportunità, occasione; possibilità: *there is not much scope for initiative in this job,* questo lavoro non offre molte possibilità di prendere iniziative. ③ sfera di interesse, campo di azione: *this subject was outside their scope,* questo argomento non rientrava nella sfera dei loro interessi. ④ tema, assunto: *the scope of a book,* l'assunto di un libro. NON SIGNIFICA → *scopo*.

scarsamente, *avv.* poorly; badly; scantily (sono tutte traduzioni abbastanza valide se l'italiano, nel contesto, ha un significato puramente limitativo; se invece assume connotazione negativa, la frase in inglese va opportunamente girata): *in quella cittadina le strade erano scarsamente illuminate,* in that town the streets were poorly lit; *un corso di studi scarsamente frequentato,* a seminar badly attended. ♦ *un territorio scarsamente popolato,* an under-populated area; *uno studente scarsamente dotato,* an untalented student; *un investimento scarsamente produttivo,* a not very profitable investment.

scolaro, *s.* ① pupil, schoolboy: *un insegnante benvoluto dai suoi scolari,* a teacher popular with his pupils. ② *(discepolo)* pupil, disciple: *uno scolaro di Leonardo,* a disciple of Leonardo.

scopo, *s.* purpose; aim, intent; object; goal; end: *tutto quel denaro dovrebbe essere usato per scopi pacifici,* all that money should be used for peaceful purposes; *ci prefiggiamo lo scopo di incoraggiare giovani scrittori,* we have the aim of encouraging young writers; *quello fu il vero scopo della sua visita,* that was the real object of his visit; *hanno raggiunto il loro scopo,* they have achieved their goal; *usano il potere dell'industria per scopi politici,* they use the industrial power for political ends. ♦ *allo scopo di,* in order to, for the sake of: *allo scopo di appurare la verità,* in order to find out the truth; *a scopo di lucro,* for (the sake of) money; *non c'è scopo* ... , there is no point, it is pointless ...

to scrutinize ['skru:tinaiz], *v.t.* scrutare; esaminare minuziosamente, vagliare: *to scrutinize a banknote*, esaminare minuziosamente una banconota; *his work was scrutinized very carefully*, il suo lavoro fu vagliato molto attentamente.

scrutiny ['skru:tini], *s.* ① esame accurato; indagine minuziosa; verifica: *to withstand scrutiny*, superare brillantemente una verifica. ② sorveglianza: *to keep s.o. under close scrutiny*, tenere qd. sotto stretta sorveglianza. NON SIGNIFICA → **scrutinio**.

semaphore ['seməfɔ:*], *s.* ① (*mar.*) sistema di segnalazione manuale per mezzo di due bandierine: *the message was sent by semaphore*, il messaggio fu trasmesso tramite la segnalazione manuale. ② semaforo ferroviario.

seminal ['seminl], *agg.*. ① seminale; spermatico: *seminal fluid*, liquido seminale; *seminal duct*, dotto spermatico (o deferente). ② (*fig.*) fecondo, fertile. ③ (*estens.*) basilare, di importanza fondamentale; determinante: *a seminal influence*, un'influenza determinante. ④ originario: *the seminal aggregations of jazz in New Orleans*, le formazioni jezzistiche originarie di New Orleans. ⑤ creativo: *one of the great seminal minds of our age*, una delle menti più creative del nostro tempo.

seminar ['semina:*], *s.* seminario (di università). Questo termine, importato dal tedesco tramite l'americano, ha avuto una rapida diffusione in italiano anche nel significato di "corso di aggiornamento" per addetti ai lavori.

seminary ['seminəri], *s.* ① (*rel.*) seminario (scuola per aspiranti sacerdoti). ② (*ant.*) scuola superiore femminile. ③ (*fig.*) vivaio; ricettacolo, semenzaio: *slums are seminaries of crime*, i quartieri popolari periferici sono dei vivai in cui prospera la criminalità.

scrutinare, *v.t.* ① (*fare lo scrutinio dei voti*) to count the ballots; to hold a ballot. ② (*scol.*) to assign marks; to give qualifications (to students) at the end of a term.

scrutinio, *s.* ① (*spoglio dei voti*) counting the ballots. ② (*scol.*) assignment of marks (at the end of a term); qualifications; grades (USA).

semaforo, *s.* ① traffic light(s); (USA) traffic signal. ② (*ferr.*) semaphore; (railway) signal. ③ (*mar.*) signal station. ♦ *passare con il semaforo rosso* (*rif. a persone*), to cross when the light is red; (*rif. a veicoli*) to drive through a red light.

seminale, *agg.* ① (*bot.*) seminal, seed- . ② (*fisiol.*) seminal, sperm-.

seminario, *s.* ① (*rel.*) seminary. ② (*esercitazione universitaria; corso di aggiornamento*) seminar.

senile ['si:nail], *agg.* ① (*scient.*) senile: *senile dementia*, demenza senile. ② arteriosclerotico; rimbambito: *he was over eighty and looking senile*, aveva più di ottant'anni e sembrava rimbambito.

sensational [sen'seiʃənl], *agg.* ① sensazionale; eccezionale, straordinario; fantastico: *that was a sensational discovery*, fu una scoperta sensazionale; *John gave me the address of a sensational Chinese restaurant*, John mi ha dato l'indirizzo di un ristorante cinese veramente fantastico. ② che suscita scalpore: *it was a sensational crime*, fu un delitto che fece scalpore.

sensible ['sensəbl], *agg.* ① sensato, ragionevole, assennato: *a sensible idea*, un'idea sensata; *a sensible person*, una persona assennata. ② sensibile; rilevante: *a sensible difference*, una sensibile differenza. ③ (*rif. a cose*) razionale, pratico, comodo: *that's the most sensible thing to do*, è la cosa più razionale da fare; *a sensible summer suit*, un pratico vestito estivo; *these shoes are very sensible for walking*, queste scarpe sono molto comode per camminare. ④ sensibile; consapevole, conscio; cosciente: *sensible of other people's grief*, sensibile al dolore altrui; *he was sensible of the troubles he had caused*, era conscio dei guai che aveva causato; *I was stunned but still sensible*, ero stordito, ma non avevo perso i sensi. ♦ *sensible phenomena*, fenomeni percepibili (dai sensi).

sensitive ['sensitiv], *agg.* ① sensibile: *he is very sensitive to my problems*, è molto sensibile ai miei problemi; *sensitive to cold, pain, light*, sensibile al freddo, al dolore, alla luce; *he has a very sensitive ear*, ha un orecchio molto sensibile; *highly sensitive electronic microscopes*, microscopi elettronici ad alta sensibilità; *sensitive photographic paper*, carta fotografica sensibile. ② sensi-

senile, *s.* ① (*scient.*) senile: *malattia senile*, senile disease. ② old: *età senile*, old age; *avere un aspetto senile*, to look old.

sensazionale, *agg.* sensational: *una notizia sensazionale*, a sensational piece of news. ♦ *un'offerta sensazionale*, a terrific offer.

sensibile, *agg.* ① (*che si può percepire*) sensible; perceptible: *fenomeni sensibili*, sensible (*o* perceptible) phenomena; *mondo sensibile*, sensible world. ② (*rilevante*) notable, considerable, appreciable; sensible: *un importo sensibile*, an appreciable amount. ③ (*che risponde a uno stimolo*) sensitive: *sensibile al caldo*, sensitive to heat; *sensibile alla luce*, sensitive to light. ④ (*fig.*) sensitive; responsive; sympathetic: *una ragazza sensibile*, a sensitive girl; *sensibile alle critiche*, sensitive to criticism; *sensibile alla gentilezza*, responsive to kindness; *si dimostrò molto sensibile nei miei riguardi*, he was very sympathetic with me.

sensitivo, *agg.* ① (*scient.*) sensory: *nervo sensitivo*, sensory nerve; *funzione sensitiva*, sensory function; *facoltà sensitiva*, sensory faculty. ② (*sensibile, emotivo*) sensitive: *una giovane sensitiva*, a sensitive girl.

tivo: *a sensitive plant*, una pianta sensitiva. ③ suscettibile, permaloso; irritabile: *he is very sensitive about his origins*, è molto suscettibile riguardo alle sue origini. ④ sensibile, instabile: *a sensible stock market*, un mercato azionario instabile. ⑤ delicato; spinoso: *it's a very sensitive subject*, è un argomento molto delicato. ⑥ riservato; segreto: *sensitive official papers*, documenti ufficiali riservati.

sentence ['sentəns], *s.* ① (*gramm.*) proposizione, frase, periodo: *an overwrought sentence*, una frase barocca. ② sentenza: *to pass a sentence*, emettere una sentenza. ③ condanna, pena: *they will face a life sentence, if found guilty*, li aspetta l'ergastolo, se ritenuti colpevoli; *she's now serving a sentence of ten years*, sta scontando una condanna a dieci anni; *death sentence*, pena di morte.

sentiment ['sentimənt], *s.* ① sentimento: *he stated that sentiment should be controlled by reason*, dichiarò che il sentimento dovrebbe essere controllato dalla ragione. ② opinione, parere; punto di vista: *those are my sentiments*, ecco la mia opinione. ③ sentimentalismo (questa accezione è diffusa ma impropria).

servant ['sɔ:vənt], *s.* ① servo, domestico, servitore: *a servant showed me out*, un domestico mi condusse alla porta. ② funzionario (statale), pubblico dipendente: *civil servants*, dipendenti (o impiegati) statali. ③ (*fig.*) servo, servitore: *a politician should be a servant of the people*, un uomo politico dovrebbe mettersi al servizio (o essere il servitore) del popolo. ④ (USA) negli Stati del sud, significava "schiavo". ♦ *public servants*, poliziotti, vigili del fuoco;

sentenza, *s.* ① (*dir.*) sentence: *leggere la sentenza*, to read the sentence. ② (*massima*) saying. ③ (*parere*) opinion. ♦ *sentenza assolutoria*, acquittal (o absolutory sentence); *sentenza di condanna*, verdict of guilty; *sputare sentenze*, to play the wiseacre.

sentimento, *s.* ① (*stato d'animo*) feeling; emotion: *un sentimento di odio, di gioia, di gratitudine*, a feeling of hate, of joy, of gratitude. ② (*gener. pl.*) (*modo di pensare*) sentiments: *una persona di nobili sentimenti*, a person of noble sentiments. ③ (*sfera affettiva, contrapposto a ragione*) feeling; sentiment; emotion(s): *fare appello ai sentimenti*, to appeal to emotions. ♦ *perdere i sentimenti*, to lose consciousness; *fare qc. con tutti i sentimenti*, to do s.th. with loving care.

servo, *s.* ① (*domestico*) servant. ② (*persona asservita*) slave, servant: *vostro umilissimo servo*, your obedient servant. ♦ *servo di Dio*, servant of God; *servo della gleba*, serf.

domestic servant, cameriere (*o* cameriera); *fire is a good servant but a bad master*, non si scherza con il fuoco.

to serve [sə:v], *v.t.* ① servire, essere al servizio di: *she served that family for ten years*, è stata al servizio di quella famiglia per dieci anni. ② servire (anche *fig.*): *the assistant served me right away*, la commessa mi servì subito; *are you being served, sir?*, la stanno servendo, signore?; *dinner will be served in a few minutes*, il pranzo verrà servito fra alcuni minuti; *to serve one's country*, servire il proprio paese. ③ scontare, espiare: *to serve a sentence*, scontare una condanna. ④ trattare: *he served him unfairly*, lo ha trattato ingiustamente. ⑤ (*dir.*) notificare: *to serve s.o. a summons*, notificare una citazione a qd. ⑥ (*sport*) servire: *to serve a ball*, servire una palla // *v.i.* ① servire, essere a servizio. ② *to serve (in the army)*, fare il servizio militare. ③ servire da, fungere da, fare da: *this table will serve for a desk*, questo tavolo potrà servire da scrivania. ④ servire, essere utile; giovare: *the notes serve to clarify the text*, le note servono a chiarire il testo. ⑤ servire a tavola; servire (i clienti) in un negozio. ⑥ (*sport*) servire, effettuare il servizio. ⑦ (*rel.*) servire messa. ♦ *I served him right*, gli diedi il fatto suo; *that serves you right!*, ben ti sta!; *if memory serves me right*, se la memoria non mi inganna.

servire, *v.t.* ① to serve: *servire lo straniero*, to serve the enemy. ② (*essere a servizio*) to serve, to be in the service of: *ha servito per molti anni la stessa famiglia*, she served the same family for many years; *servire come maggiordomo*, to serve as a butler. ③ (*nei negozi*) to serve, to attend, to help: *conosco la commessa che ti ha servito in quel negozio*, I know the saleswoman who served you in that shop; *posso servirla?*, may I help you? ④ (*presentare cibi, bevande*) to serve: *servire il caffè*, to serve the coffee. ⑤ (*espletare servizi pubblici*) to serve; to cover: *questo autobus serve parecchi quartieri di periferia*, this bus serves several suburban districts. ⑥ (*sport*) to serve // *v.i.* ① (*giovare, essere utile*) to serve, to be of use; (*fungere da*) to serve for; to be used as: *a che serve questo arnese?*, what use is this gadget?; *questa chiave serve per aprire il cassetto*, this key serves to open the drawer. ② (*fam.*) (*occorrere*) to need: *mi serve una matita rossa*, I need a red pencil. ③ (*nel tennis*) to serve; (*a carte*) to deal // **servirsi** *v.i.-pron.* ① (*adoperare*) to use; (*ricorrere*) to make use of, to use: *servirsi della macchina da scrivere*, to use the typewriter; *servirsi di un esempio*, to use an example; *serviti pure delle tue relazioni influenti*, make use of your good contacts. ② (*essere cliente*) to be a customer: *mi servo da molti anni in quel negozio*, I have been a customer at that shop for years // *v.r.* (*prendere da sé*) to serve oneself; to help oneself: *prego, si serva*, help yourself. ♦ *in che cosa posso servirla?*, what can I do for you?; *per servirla*, at your service; *servire a dovere qd.*, to give s.o. what he (*o* she) deserves; *la stanno servendo?*, are you being served?; *servire a tavola*, to wait at table; (USA) to wait on table.

serviceable ['sɔːvisəbl], *agg.* ① utile, pratico, funzionale; duraturo, durevole: *serviceable clothes*, indumenti pratici; *a serviceable fabric*, un tessuto che dura. ② pronto per l'uso; (*di macchine*) in assetto. NON SIGNIFICA → *servizievole*.

servizievole, *agg.* obliging; helpful: *un tipo servizievole*, an obliging fellow; *si sforzò di essere servizievole nei miei confronti*, he made an effort to be helpful to me.

severe [si'viə*], *agg.* ① severo; rigoroso, rigido: *a severe father*, un padre severo. ② violento, forte; ingente, molto grande: *a severe storm*, un temporale violento; *severe damage*, danni ingenti; *a severe cold*, un forte raffreddore; *a severe pain*, un dolore intenso (forte). ③ faticoso, arduo, difficile: *a severe test*, una prova ardua. ④ austero, disadorno, asciutto: *a severe style*, uno stile asciutto (*o* austero); *severe voice*, tono asciutto.

severo, *agg.* ① severe, strict: *un giudice severo*, a severe judge; *un insegnante severo*, a strict teacher. ② (*estens.*) strict; rigid: *un regolamento severo*, a strict rule. ③ (*sobrio, disadorno*) severe: *un palazzo severo*, a severe building. ④ (*ingente, rilevante*) severe, serious: *una severa sconfitta*, a serious (*o* bad) defeat.

sober ['soubə*], *agg.* ① non ubriaco, lucido (di mente); sobrio: *you have to stay sober, if you want to drive home*, devi mantenerti lucido, se vuoi guidare fino a casa. ② equilibrato, misurato, temperato; serio, sobrio: *sober and sensible attitudes*, atteggiamenti seri e razionali; *he made a sober estimate of the situation*, fece una valutazione equilibrata della situazione. ③ ragionevole, assennato; razionale: *he took a sober decision concerning his career*, prese una decisione assennata per la sua carriera. ④ (*rif. a colori, abiti*) semplice, sobrio: *they were sober-suited office workers*, erano impiegati vestiti sobriamente. ♦ *to be as sober as a judge*, essere lucidissimo, non essere affatto ubriaco; *the sober truth*, la pura verità; *in sober fact*, stando ai fatti.

sobrio, *agg.* ① sober: *rimase sobrio pur bevendo molto*, he stayed sober although he drank a lot. ② (*temperante nel mangiare e nel bere*) abstemious. ③ (*fig.*) moderate, simple; sober; temperate: *è una donna dai gusti sobri*, she is a woman with moderate tastes; *conduce una vita sobria*, he leads a simple way of life; *un sobrio modo di vestire*, a sober (*o* simple) style of dress.

solace ['sɔləs], *s.* conforto, sollievo; consolazione: *to find solace in religion*, trovare conforto nella religione. NON SIGNIFICA PIÙ → *sollazzo*.

sollazzo, *s.* ① (*lett.*) amusement; recreation. ② (*zimbello*) laughing-stock: *essere il sollazzo della compagnia*, to be the laughing-stock of the party.

solid ['sɔlid], *agg.* ① solido (anche *scient.*): *solid geometry*, geometria solida; *solid state*, stato solido. ② massiccio; pieno, non cavo, spesso: *a table of solid walnut*, un tavolo di noce massiccio; *a solid bar of iron*, una spessa spranga di ferro; *solid gold*, oro massiccio. ③ compatto, duro, solido; denso, fitto: *solid ground*, terreno duro; *a solid fog*, una densa nebbia. ④ solido, consistente (anche *fig.*): *a solid building*, un edificio solido; *a solid business*, una ditta solida; *solid reasoning*, ragionamenti consistenti (validi); *a solid meal*, un pasto consistente; *solid scholarship*, solida cultura. ⑤ unanime; solidale: *a solid vote*, un voto unanime; *to be solid on an issue*, essere solidale su un problema. ⑥ ininterrotto, di fila: *he spoke for two solid hours*, parlò per due ore di fila. ⑦ (USA) (*slang*) ottimo; meraviglioso: *a solid jazz band*, un ottimo complesso jazz.

solvent ['sɔlvənt], *agg.* ① (*comm.*) solvibile. ② (*chim.*) solvente // *s.* (*chim.*) solvente.

sonorous [sə'nɔːrəs], *agg.* ① sonoro: *his deep, sonorous voice*, la sua voce profonda e sonora. ② altisonante; prestigioso: *the sonorous name of Louis Antoine Léon de Saint Just*, il nome altisonante di Louis Antoine Léon de Saint Just. ③ magniloquente: *a sonorous style*, uno stile magniloquente.

spade[1] [speid], *s.* vanga; pala, paletta: *children playing with their buckets and spades*, bambini che giocavano con il secchiello e la paletta. ♦ *spade work*, fase preparatoria per un lavoro o attività impegnativi; *to call a spade a spade*, dir pane al pane e vino al vino; *to cross spades with s.o.*, venire ai ferri corti con qd. ■ **spade**[2] *s.* ① (*spec. pl.*) (*nelle carte da gioco*) picche: spade. ② (*spreg.*) negro.

solido, *agg.* ① (*fis. geom.*) solid: *il ghiaccio è acqua allo stato solido*, ice is water at solid state. ② (*stabile*) solid, firm: *fondamenta solide*, firm foundations. ③ (*forte, robusto*), strong, stout; sturdy: *due braccia solide*, a pair of strong arms; *corporatura solida*, sturdy build. ④ (*fig.*) solid, sound: *un'azienda finanziariamente solida*, a solid (*o* sound) firm; *motivi solidi*, solid arguments. ⑤ (*di colori*) fast.

solvente, *agg./s.* (*spec. chim.*) solvent. ♦ *reparto solventi* (*in ospedale*), private rooms (in a hospital).

sonoro, *agg.* ① sound: *onde sonore*, sound waves; *effetti sonori*, sound effects; (*cine*) *colonna sonora*, sound track; (*estens.*) (*accompagnamento*) background music; ② loud; sonorous; resounding: *una risata sonora*, a loud laugh. ③ (*fig.*) (*altisonante*) sonorous; resounding: *una sonora sconfitta*, a resounding defeat. ④ (*fonetica*) sonorous, voiced. ♦ *cinema sonoro*, the talkies.

spada, *s.* ① sword: *snudare la spada*, to draw one's sword. ② (*sport*) épée. ③ (*spec. pl.*) (*seme delle carte da gioco italiane equivalente a quello di picche nelle carte francesi*) spade(s). ♦ (*fig.*) *difendere qd. a spada tratta*, to stand up vigorously for s.o.; *spada di Damocle*, sword of Damocles.

sparse [spɑːs], *agg.* ① rado: *a sparse beard*, una barba rada. ② scarso, limitato; misero: *a sparse population*, una popolazione scarsa; *a sparse crop*, un raccolto misero. NON SIGNIFICA → *sparso*.

specific [spiˈsifik], *agg.* ① specifico, particolare: *to have a specific knowledge of Latin*, avere una conoscenza specifica del latino. ② preciso, esatto; esplicito: *please, be more specific about it*, per favore, sia più preciso al riguardo; *it was a precious stone, a ruby to be more specific*, era una pietra preziosa: un rubino, se vogliamo essere più esatti. ③ (*biol. med. fis.*) specifico // *s.* ① (*med.*) specifico. ② elemento qualificante. ③ (*pl.*) dettagli più specifici.

spectacle [ˈspektəkl], *s.* ① spettacolo: *the "Night of the Stars" on TV is always a grand spectacle*, la "Notte delle Stelle" alla televisione è sempre uno spettacolo grandioso. ② vista straordinaria, spettacolo: *the sunrise as seen from the hill was a tremendous spectacle*, l'alba vista dalla collina era uno spettacolo fantastico. ③ (*pl.*) occhiali. ♦ *to make a spectacle of oneself*, rendersi ridicoli.

spectrum [ˈspektrəm], *s.* ① (*fis.*) spettro. ② (*fig.*) gamma, serie: *to experience the whole spectrum of emotions*, provare l'intera gamma di emozioni. ♦ *electromagnetic spectrum*, spettro elettromagnetico.

sparso, *agg.* ① scattered; strewn: *fogli sparsi sul tavolo*, sheets scattered on the table. ② (*lett.*) (*cosparso*) strewn: *prato sparso di fiori*, field strewn with flowers. ③ (*versato*) shed, spilled: *sangue sparso in battaglia*, blood shed in battle. ④ (*sciolto*) loose: *capelli sparsi sulle spalle*, hair loose about one's shoulders. ♦ *in ordine sparso*, in open order.

specifico, *agg.* ① (*della specie*) specific: *differenze specifiche*, specific differences. ② (*particolare*) specific, particular: *avere una preparazione specifica*, to have a specific preparation. ③ (*preciso*) specific, precise: *un'accusa specifica*, a specific charge. ④ (*biol. med. fis.*) specific: *peso specifico*, specific weight // *s.* (*med.*) specific.

spettacolo, *s.* ① (*rappresentazione teatrale*) play; (*artistica*) show; entertainment: *ieri sera ho visto un bello spettacolo alla televisione*, last night I saw a nice show on television. ② (*singola rappresentazione*) performance: *dopo lo spettacolo, si ritirò nel suo camerino*, after the performance she retired to her dressing-room. ③ (*vista*) spectacle; sight: *lo spettacolo dell'aurora boreale*, the spectacle of northern lights. ♦ *spettacolo cinematografico*, film (*o* motion-picture show); (*fam.*) movies (*pl.*); *mondo dello spettacolo*, show business; *spettacolo pomeridiano*, matinée; *dare spettacolo di sé*, to make a poor show (*o* an exhibition *o* a spectacle) of oneself.

spettro, *s.* ① ghost, spook, spectre: *sembri uno spettro*, you look like a ghost. ② (*fig.*) spectre: *lo spettro della miseria*, the spectre of poverty. ③ (*fis.*) spectrum: *spettro solare*, solar spectrum.

to speculate ['spekjuleit], *v.i.* ① fare delle congetture, avanzare delle ipotesi; meditare: *we can only speculate about the future of the human race*, possiamo solo fare delle congetture sul futuro della razza umana; *I don't know what she is going to do next, I can only speculate*, non so che cosa intende fare, posso solo avanzare delle ipotesi. ② (*econ.*) speculare: *to speculate on the stock exchange*, speculare in borsa; *to speculate in shares*, speculare sui titoli.

spirit ['spirit], *s.* ① spirito (nella maggior parte dei casi, le accezioni si equivalgono nelle due lingue): *the spirit is willing but the flesh is weak*, lo spirito è forte, ma la carne è debole; *to be present in spirit, if not in body*, essere presente in spirito, se non fisicamente; *God is a pure spirit*, Dio è puro spirito; *the spirit of the times*, lo spirito dei tempi; *the spirit of the law*, lo spirito della legge; *spirit of sacrifice*, spirito di sacrificio. ② impegno; coraggio, animo; energia, vigore; risolutezza; (*estens.*) brio: *put more spirit into your work*, metti più impegno nel tuo lavoro; *to lack spirit*, mancare di coraggio (o di energia); *you should approach life's difficulties in a positive spirit*, dovresti far fronte alle difficoltà della vita con una disposizione d'animo positiva; *she sang the duet with great spirit*, ha cantato il duetto con molto brio. ③ (*pl.*) umore, stato d'animo: *to be in high spirits*, essere di buon umore, allegro; *to be out of spirits*, essere depresso. ④ (*pl.*) superalcolici. ♦ *Holy Spirit*, Spirito Santo; *to take s.th. in the wrong spirit*, prendere q.c. in mala parte. → *spirito* // **spirited** ['spiritid], *agg.* ① deciso; vigoroso, energico; disperato: *a spirited defense of one's rights*, un'energica difesa dei propri diritti; *spirited defense*, resistenza disperata. ② vivace, brioso: *he made a spirited per-*

speculare, *v.i.* ① (*indagare con la ragione*) to speculate: *speculare sulla natura dell'universo*, to speculate on the nature of universe. ② (*econ.*) to speculate; ③ (*estens.*) to exploit; to take advantage of: *speculare sull'ignoranza altrui*, to take advantage of other people's ignorance.

spirito, *s.* ① → spirit n. 1. ② mind; spirits: *grandezza di spirito*, greatness of mind; *presenza di spirito*, presence of mind; *sollevare lo spirito di qd.*, to relieve s.o.'s mind (o spirito). ③ (*arguzia*) wit; (*umorismo*) humour: *essere pieno di spirito*, to be witty (o full of wit); *avere dello spirito*, to have great sense of humour. ④ (*fantasma*) ghost; spook: *credere agli spiriti*, to believe in ghosts; *quella casa è frequentata dagli spiriti*, that house is haunted (o visited by ghosts). ⑤ (*alcol*) alcohol, spirit: *ciliege sotto spirito*, cherries in alcohol; *fornello a spirito*, spirit stove. ♦ *spirito di squadra* (o *di corpo*), team spirit; *una persona di spirito*, a good sport; *fare dello spirito*, to try to be funny; *spirito di osservazione*, spirit of observation // **spiritato**, *agg.* ① (*invasato*) possessed. ② (*fig.*) wild, frantic: *occhi spiritati*, wild eyes; *sguardo spiritato*, wild look.

formance, diede un'interpretazione briosa. ♦ *high-spirited*, vivace, allegro, su di giri; *low-spirited*, depresso, giù di corda; *he is a public-spirited person*, è una persona dotata di senso civico. NON SIGNIFICA → *spiritato*.

spiritualism ['spiritjuə,lizəm], *s.* ① spiritismo. ② (*fil.*) spiritualismo.

spiritualismo, s. (*fil.*) spiritualism.

spiritous ['spiritʃuəs], *agg.* alcolico. NON SIGNIFICA → *spiritoso*.

spiritoso, agg. witty: *una persona spiritosa*, a witty person; *una battuta spiritosa*, a witty remark (o a quip). ♦ *fare lo spiritoso*, to try to be funny (o witty).

squalid ['skwɔlid], *agg.* ① (*rif. a luogo*) sudicio, sordido; in condizioni pessime (si potrebbe anche usare "squallido", ma non da solo, essendo il termine italiano meno forte dell'omologo inglese): *a squalid flat in the slums*, un appartamento sudicio e in pessime condizioni nei quartieri più poveri (di una città). ② (*fig.*) disgustoso, abietto, losco, privo di ogni senso morale; ripugnante: *a squalid political compromise*, un abietto compromesso politico.

squallido, agg. dreary, drab, dingy; squalid (solo se, oltre all'idea di desolazione, dal contesto emerge anche quella di mancanza di pulizia): *vicino alla stazione ci sono le strade più squallide della città*, near the station there are some of the dingiest streets of the town; *una vita squallida*, a dreary life. ♦ *una persona squallida*, a dull uninspiring person.

stamp [stæmp], *s.* ① francobollo, bollo: *I must buy stamps for these postcards*, devo comprare dei francobolli per queste cartoline. ② (*estens.*) bollino (assicurativo); marca, marchetta; buono omaggio (in questo senso sta per *trading stamp*). ③ (*fig.*) marchio, impronta: *he bore the stamp of genius*, in lui c'era l'impronta del genio. ④ timbro: *entrance stamp*, timbro d'entrata. ⑤ stampo. ⑥ segno, impronta. NON SIGNIFICA → *stampa*.

stampa, s. ① (*arte e tecnica*) printing: *torchio, macchina per la stampa*, printing press; *mandare in stampa*, to send to press. ② (*l'insieme dei giornalisti e delle pubblicazioni*) press: *comunicato stampa*, press release; *conferenza stampa*, press conference; *ufficio stampa*, press office. ③ (*riproduzione, anche in fotografia*) print; (*incisione*) engraving. ④ (*pl.*) (*poste*) printed matter; (USA) prints. ♦ *errore di stampa*, misprint; (USA) typo; *agenzia di stampa*, news agency.

stately ['steitli], *agg.* solenne; maestoso, imponente; sontuoso: *I can recognize him by his stately pace*, lo riconosco dal suo modo di incedere solenne; *a stately country house*, una casa di campagna sontuosa; *we must admit she is a stately old lady*, dobbiamo ammettere che è una vecchia signora imponente. ♦ *(GB) stately home*, è una grande e vetusta villa (di campagna) con parco e giardino, oltre a terreni coltivati, che da generazioni appartiene alla stessa famiglia e che viene aperta al pubblico. NON SIGNIFICA → *statale*.

statale, *agg.* state, of the state; government(al): *controllo statale*, state control; *scuola statale*, state school; *banca statale*, state bank. ♦ *impiegato statale*, civil servant; government employee; *ente statale*, government body.

to stipulate ['stipjuleit], *v.t.* porre come condizione necessaria (alla realizzazione di un contratto); fare delle precisazioni in merito (a un contratto o ad un accordo): *it was stipulated that the goods should be delivered within three days*, fu posta la condizione che le merci sarebbero state consegnate entro tre giorni // *v.i.* insistere (su un punto fondamentale al raggiungimento di un accordo): *they stipulated for payment by the end of the month*, hanno insistito che il pagamento dovesse avvenire entro la fine del mese. NON SIGNIFICA → *stipulare* // stipulation [,stipju'leiʃən], *s.* condizione: *he agreed, but with several stipulations*, fu d'accordo, ma dopo aver posto non poche condizioni. NON SIGNIFICA → *stipulazione*.

stipulare, *v.t.* to draw up: *ora possiamo stipulare un accordo*, we can now draw up an agreement // *stipulazione*, *s.* drawing up: *la stipulazione del contratto non sarà facile*, the drawing up of the contract won't be easy.

stolid ['stɔlid], *agg.* impassibile, imperturbabile; flemmatico, apatico: *a stolid face*, un viso impassibile (privo di espressione); *he spoke in stolid tones*, parlò con tono flemmatico. NON SIGNIFICA → *stolido*.

stolido, *agg.* (*lett.*) dull, stupid; foolish: *un uomo stolido*, a dull man.

stomach ['stʌmək], *s.* ① stomaco; (*estens.*) pancia, ventre: *his stomach knotted with fright*, sentì una morsa allo stomaco per la paura; *to fill one's stomach*, riempirsi la pancia. ② appetito (di cibo). ③ desiderio, voglia. ④ (*arcaico*) coraggio, fegato:

stomaco, *s.* ① stomach: *a stomaco pieno, vuoto*, on full, empty stomach; *mal di stomaco*, stomachache. ② (*coraggio*) courage, (*fam.*) guts, nerve. ♦ *ho ancora il pranzo sullo stomaco*, my lunch hasn't gone down yet; *dare di stomaco*, to throw

he didn't have the stomach to fight,
gli è mancato il coraggio di lottare.
♦ *stomach-ache,* mal di pancia (o di
stomaco); *to have no stomach for ...* ,
non amare, provare repulsione per
...: *he has no stomach for bull-
fighting,* non ama le corride; *I've no
stomach for snails,* provo (un'invin-
cibile) repulsione per le lumache; *to
turn the stomach* (o *to make the
stomach turn),* far rivoltare lo stomaco; *(med.) stomach pump,* lavan-
da gastrica.

stranger ['streindʒə*], *s.* ① sconosciuto, estraneo; forestiero: *I was
told never to trust strangers,* mi è stato detto di diffidare degli estranei; *a
stranger knocked at the door,* uno
sconosciuto bussò alla porta. ②
nuovo (o primo) venuto, persona
nuova del luogo: *I can't tell you the
way because I'm a stranger here,* non
sono in grado di indicarle la strada,
perché sono nuovo di queste parti.
③ *(dir.)* terzo. ♦ *to be strangers,* non
conoscersi affatto; *to be stranger to
s.th.,* non avere esperienza (o conoscenza) di qc. NON SIGNIFICA → **straniero.**

strict [strikt], *agg.* ① severo, rigoroso, rigido: *a strict mother,* una madre severa; *a strict upbringing,*
un'educazione rigida. ② preciso,
esatto, accurato: *a strict translation,*
una traduzione accurata. ③ completo, assoluto; massimo: *strict loy-
alty,* assoluta lealtà. ♦ *in the strict
sense,* in senso stretto; *the strict
truth,* la verità pura e semplice;
strict watch, stretta sorveglianza.

to stupefy ['stju:pifai], *v.t.* ① istupi-
dire, inebetire, intontire; intorpidire:
he was stupefied with drink, era ine-
betito dall'alcol. ② sbalordire, stupi-
re, stupefare: *I was stupefied by his
skill,* fui sbalordito dalla sua abilità.

up; *la sua indiscrezione mi sta sullo
stomaco,* I can't stand his inquisitiveness.

straniero, *s.* ① foreigner; *(burocratico)* alien: *appena entrati nel Re-
gno Unito, anni fa, bisognava presentarsi all'ufficio stranieri,* years ago,
on arrival in U.K., one had to report
to the Aliens Registration Office;
*milioni di stranieri visitano l'Italia
ogni anno,* millions of foreigners
visit Italy every year; *si sentivano
esiliati e stranieri,* they felt them-
selves to be aliens and exiles. ② *(nemico)* enemy // *agg.* foreign: *lingue
straniere,* foreign languages; *domi-
nio straniero,* foreign domination;
occupazione straniera, foreign occupation.

stretto, *agg.* ① narrow; tight: *una
strada stretta,* a narrow road; *scarpe
strette,* tight shoes; *un vestito stretto,* a tight dress. ② *(serrato)* tight;
fast: *un nodo stretto,* a tight knot. ③
(rigoroso) strict: *stretta disciplina,*
strict discipline. ④ *(fig.)* *(intimo)*
close, near: *un parente stretto,* a
close (o near) relative. ♦ *lutto stretto,* deep mourning; *lo stretto necessario,* the bare minimum; *lo stretto
significato di una parola,* the exact
meaning (o strict sense) of a word; *a
denti stretti, ,* with clenched teeth; *a
pugni stretti,* with clenched fists.

stupefare, *v.t.* to amaze, to aston-
ish, to stupefy. ♦ *mi ha lasciato stu-
pefatto!,* he left me dumbfounded!

stupendous [stju:'pendəs], *agg.* ① prodigioso; stupefacente: *a stupendous achievement*, un successo prodigioso. ② enorme, immenso: *a stupendous uproar*, un enorme frastuono. NON SIGNIFICA → *stupendo*.

stupendo, *agg.* wonderful, marvellous; (*fam.*) gorgeous: *una giornata stupenda*, a gorgeous day.

stupor ['stju:pə*], *s.* ① (*med.*) stupore. ② torpore; stordimento; apatia: *I was in a drunken stupor last night*, ieri sera ero in uno stato di ebbrezza stuporoso.

stupore, *s.* ① amazement, astonishment. ② (*med.*) stupor.

stylist ['stailist], *s.* ① (*purista linguistico*) stilista. ② (*nella moda*) stilista; designer; (*parrucchiere che crea acconciature*) stilista: *Vidal Sassoon is one of the major European stylists*, Vidal Sassoon è uno dei più importanti creatori europei nel campo delle acconciature per signora.

stilista, *s.* ① stylist: *D'Annunzio fu un grande stilista*, D'Annunzio was a great stylist. ② (*creatore di moda*) dress designer, fashion designer; stylist: *Missoni è uno stilista italiano noto in tutto il mondo*, Missoni is a worldwide known dress (*o* fashion) designer. ③ (*creatore di acconciature*) stylist.

suave [swɑ:v], *agg.* ① cortese, garbato; mellifluo, vagamente lezioso: *suave manners*, modi melliflui; *a suave young man*, un giovanotto delizioso. ② (*di vino*)amabile. NON SIGNIFICA → *soave*.

soave, *agg.* gentle, soft, sweet: *una voce soave*, a gentle (*o* sweet) voice; *una brezza soave*, a soft breeze; *ricordi soavi*, sweet memories.

to subscribe [səb'skraib], *v.t.* ① sottoscrivere; firmare: *to subscribe a contract*, sottoscrivere un contratto. ② contribuire con, dare come contributo; sottoscrivere: *to subscribe a sum to a charity institution*, sottoscrivere una somma a favore di un'istituzione benefica. ③ attestare; firmare per consenso: *to subscribe a will*, firmare un testamento // *v.i.* ① aderire, sottoscrivere: *to subscribe to a project*, aderire a un progetto. ② abbonarsi: *to subscribe to a weekly magazine*, abbonarsi a un settimanale.

sottoscrivere, *v.t./v.i.* ① (*firmare*) to sign; to subscribe. ② (*aderire a*) to subscribe, to support: *sottoscrivere un prestito*, to subscribe to a loan.

subsidiary [səb'sidiəri], *agg.* ① di secondaria importanza; accessorio; facoltativo: *in that context he played a subsidiary role*, in quel contesto ha svolto un ruolo di secondaria importanza; *a subsidiary subject in a course of study*, una materia facoltativa in un corso di studi. ② relativo ad un sussidio, sotto forma di sussidio. ③ (*econ.*) sussidiario: *subsidiary account*, conto sussidiario (*o* ausiliare); *subsidiary coin*, moneta sussidiaria; *subsidiary ledger*, libro mastro sussidiario. ♦ *subsidiary company*, (società) consociata, società controllata, società affiliata // *s.* ① assistente, aiuto. ② → subsidiary company.

sussidiario, *agg.* ① auxiliary, complementary; (*raro*) subsidiary. ② (*econ.*) subsidiary. ③ (*mil.*) reserve: *truppe sussidiarie*, reserve troops // *s.* (*libro*) primer. ♦ *fermata sussidiaria*, additional stop.

substantial [səb'stænʃəl], *agg.* ① (*lett. fil.*) sostanziale; materiale: *substantial life*, la vita materiale. ② sostanzioso, ingente, importante; consistente; notevole, considerevole: *a substantial meal*, un pasto sostanzioso; *substantial changes*, cambiamenti importanti (*o* rilevanti); *a substantial sum of money*, una ingente somma di denaro; *he has a substantial property*, ha un patrimonio consistente; *a substantial improvement*, un notevole miglioramento; *he won by a substantial margin*, ha vinto con un notevole scarto. ③ solido, massiccio: *a substantial desk*, una scrivania solida.

sostanziale, *agg.* ① (*fil.*) substantial. ② (*essenziale*) essential, basic: *differenza sostanziale*, basic difference.

substantive ['sʌbstəntiv], *agg.* ① concreto, positivo; di un certo peso, di un certo rilievo; sostanziale, essenziale, reale: *more substantive measures are needed*, si impongono misure più concrete; *substantive issues*, argomenti di un certo rilievo; *substantive data*, dati essenziali; *substantive agreements*, accordi sostanziali. ② (*dir.*) sostanziale: (USA) *substantive law*, diritto penale sostanziale. ③ (*gramm.*) di un sostantivo, con valore sostantivale: *substantive expression*, locuzione con valore sostantivale // *s.*

sostantivo, *s.* (*gramm.*) substantive, noun.

(*gramm.*) sostantivo. ♦ *substantive genitive*, genitivo possessivo che sottintende un sostantivo (i.e. *at the hairdresser's*, dal parrucchiere).

substitute ['sʌbstitju:t], *s.* ① sostituto; elemento sostitutivo: *her interest in destitute children was a substitute for the children she had never had*, il suo interesse per l'infanzia abbandonata era un elemento sostitutivo nei confronti della sua maternità mancata. ② surrogato, succedaneo: *margarine is a substitute for butter*, la margarina è un surrogato del burro. ③ (*sport*) riserva. ♦ *to be no substitute for s.th.*, non essere in grado di sostituire (*o* rimpiazzare) qc.; *to be a poor substitute of s.th.*, sostituire (*o* rimpiazzare) in malo modo qc.

sostituto, *s.* substitute, representative, deputy; (*assistente*) assistant. ♦ (*dir.*) *sostituto procuratore*, (GB) Assistant Public Prosecutor; (USA) Assistant District Attorney.

to succeed [sək'si:d], *v.t.* (succedere a, seguire, venire dopo; sostituire, rimpiazzare: *Mrs. Temple succeeded Miss Maple as our teacher*, la signora Temple ha sostituito la signorina Maple come nostra insegnante; *he was succeeded by his younger brother*, è stato rimpiazzato dal suo fratello più giovane; *silence succeeded his words*, alle sue parole fece seguito una pausa di silenzio // *v.i.* ① riuscire: *I succeeded in delivering the work in due time*, sono riuscito a consegnare il lavoro in tempo utile; *I doubt very much their marriage will succeed*, dubito molto che il loro matrimonio possa riuscire; *to succeed as an actor*, riuscire (*o* sfondare) come attore. ② avere successo: *to succeed in business*, avere successo negli affari; *he is far too ambitious not to succeed*, è troppo ambizioso per non avere successo. ③ (*arcaico*) passare in eredità: *his estate succeeded to his grandchildren*, il suo patrimonio è passato in eredità ai nipoti.

succedere, *v.i.* ① (*subentrare*) to succeed, to follow, to come after (*a qd. s.o.*). ② (*accadere*) to happen, to take place; to occur: *sono cose che possono succedere*, these things may (*o* are bound to) happen; *che cosa ti è successo?*, what happened to you? // *succedersi,* *v.r.rec.* to follow on, to follow one another, to occur in succession. ♦ *che ti succede?*, what's the matter with you?

sufficiency [sə'fiʃənsi], *s.* quantità adeguata, numero sufficiente, quantità sufficiente: *we must provide a sufficiency of food in the flooded areas,* dobbiamo far pervenire una quantità adeguata di rifornimenti alimentari nelle zone colpite dall'alluvione; *we have not a sufficiency of PC for our requirements,* non abbiamo un numero sufficiente di PC per le nostre esigenze; *we have a sufficiency of fuel, no problem!,* abbiamo carburante a sufficienza, non c'è da preoccuparsi!. ♦ *self-sufficiency,* autosufficienza.

sufficienza, s. ① adequacy; sufficiency (da usarsi con cautela, e solo se preceduto dall'articolo indeterminativo): *il problema si pone in termini di sufficienza delle risorse alimentari,* the problem is likely to be the adequacy of food resources. ② (*boria, alterigia*) conceit, self-importance; condescension: *il suo tono di sufficienza mi è riuscito sgradevole,* I didn't like his condescending (o patronizing) tone; *con aria di sufficienza,* with a conceited air (o conceitedly). ③ (*scol.*) pass (mark): *ho avuto la sufficienza a fatica,* I got a bare pass mark. ♦ *a sufficienza,* enough: *non ci sono soldi a sufficienza,* there's not enough money; *ne ho abbastanza di lei!,* I'm fed up with her! (o I've had enough of her!).

suggestive [sə'dʒestiv], *agg.* ① evocativo, che fa pensare a; che denota: *an articulate way of speaking suggestive of a college education,* un modo di parlare forbito che fa pensare ad una cultura universitaria. ② allusivo; sporco, pieno di doppi sensi: *a suggestive remark,* un'osservazione allusiva (o spinta); *suggestive jokes,* barzellette indecenti (o sporche). NON SIGNIFICA → ***suggestivo***.

suggestivo, agg. ① evocative; impressive; effective; charming: *una descrizione suggestiva,* an evocative description; *una scena suggestiva,* an impressive (o effective) scene; *un luogo suggestivo,* a charming spot (o a spot full of atmosphere); *un'atmosfera suggestiva,* an evocative atmosphere. ② (*dir.*) leading.

to support [sə'pɔːt], *v.t.* ① sostenere, reggere, sorreggere: *those shelves cannot support so many books,* quegli scaffali non possono reggere troppi libri; *tall columns support the roof,* alte colonne sorreggono il tetto. ② incoraggiare, appoggiare, aiutare: *to support the workers' demand for higher wages,* incoraggiare la richiesta dei lavoratori per un salario più alto; *to support a candidate for office,* appoggiare la nomina di un candidato. ③ mantenere; provvedere a; sostentare: *to support a family,* mantenere una famiglia. ④ sovven-

sopportare, v.t. ① (*reggere*) to bear; to support: *sopportare un peso,* to bear a weight. ② (*soffrire, patire*) to bear, to endure; (*subire con rassegnazione*) to put up with: *era pronto a sopportare i disagi,* he was ready to endure hardships; *ha dovuto sopportare le sue infedeltà,* she had to put up with his infidelities. ③ (*tollerare*) to stand, to take, to put up with: *non posso sopportarlo!,* I can't stand him!; *sopportare il caldo,* to take (o stand) the heat; *non sopporto l'ipocrisia,* I can't put up with hypocrisy.

zionare, finanziare: *to support a research program*, sovvenzionare un programma di ricerca. ⑤ tollerare; accettare: *I couldn't support his bad manners any longer*, non potevo più tollerare la sua maleducazione. ⑥ suffragare: *evidence to support a theory*, prove per suffragare una teoria. ⑦ tifare: *to support a football team*, tifare per una squadra di calcio. ⑧ l'italiano "supportare", ormai entrato nei dizionari, è calco formale dell'inglese nel significato di sostenere (sia in senso economico che morale). ♦ *to support pressure, strain*, sostenere la pressione, lo sforzo; *he supports a famous actor*, fa da spalla a un famoso attore.

surrogate ['sʌrəgit], *s.* ① sostituto; vice. ② figura parentale sostitutiva di un genitore (termine usato specialmente in psichiatria). ③ (USA) chi diventa genitore per mezzo dell'inseminazione artificiale. ④ "Surrogate" (tribunale che autentica testamenti, omologa l'amministrazione di proprietà, nonché la tutela di minori e di incapaci, specialmente nello stato di New York). ⑤ giudice del "Surrogate". NON SIGNIFICA PIÙ → **surrogato**.

surrogato, *s.* ① substitute; replacement; ersatz: *surrogato del caffè, della cioccolata*, coffee, chocolate ersatz. ② (*estens.*) (*ripiego*) expedient, makeshift.

susceptible [sə'septəbl], *agg.* ① sensibile; influenzabile: *a susceptible nature*, un carattere influenzabile; *she is highly susceptible to flattery*, è molto sensibile all'adulazione. ② soggetto, predisposto: *I'm susceptible to colds*, vado soggetta ai raffreddori. ③ impressionabile, suggestionabile: *he is a susceptible fellow*, è un tipo impressionabile. ④ suscettibile: *susceptible of development*, suscettibile di sviluppo.

suscettibile, *agg.* ① susceptible: *una situazione suscettibile di miglioramento*, a situation susceptible of improvement. ② (*permaloso*) touchy, oversensitive: *non essere così suscettibile!*, don't be so touchy!

sycophant ['sikəfənt], *s* ① adulatore; leccapiedi. ② (*st.*) sicofante.

sicofante, *s.* ① (*st.*) sycophant. ② (*estens.*) (*delatore*) informer, spy; (*calunniatore*) defamer.

sympathetic [ˌsimpəˈθetik], *agg.* ① comprensivo; partecipe: *I was unwell, but he was not very sympathetic to me,* io non stavo bene, ma lui non fu molto comprensivo con me; *she was sympathetic to my suffering,* fu partecipe delle mie sofferenze. ② congeniale, adatto: *we all feel better in a sympathetic atmosphere,* ci sentiamo tutti meglio in un'atmosfera congeniale. ③ favorevole; solidale: *they were sympathetic to his plan,* furono favorevoli al suo progetto. ④ (*neol.*) piacevole, gradevole: *I find her a sympathetic character,* trovo che abbia un carattere (o temperamento) gradevole. ♦ *a sympathetic strike,* sciopero di solidarietà; *sympathetic ink,* inchiostro simpatico; *sympathetic nervous system,* sistema nervoso simpatico.

to sympathize [ˈsimpəθaiz], *v.i.* ① provare compassione; partecipare al dolore; condividere i sentimenti: *to sympathize with s.o. for s.th.,* partecipare al dolore di qd. per q.c.; *to sympathize with s.o. in his distress,* provare compassione per qd. che attraversa un momento difficile. ② essere solidale; schierarsi a favore: *he sympathized with the anti-apartheid cause,* si schierò a favore della causa contro l'apartheid. ③ (*neol.*) essere d'accordo, condividere emotivamente; accettare: *I cannot sympathize with John's unrefrained ambition,* non riesco proprio ad accettare l'ambizione sfrenata di John.

sympathy [ˈsimpəθi], *s.* ① comprensione; convergenza di vedute: *I have a lot of sympathy for his opinions,* ho molta comprensione per le sue opinioni. ② partecipazione, solidarietà: *she pressed my hand in sympathy,* strinse la mia mano in segno di partecipazione al mio dolore; *my sympathy is with the miners,* la mia solidarietà va ai minatori. ③ cordoglio, condoglianze: *I sent her a letter of sympathy,* le ho mandato

simpatico, *agg.* ① (*di persona*) nice, likeable, genial; (*di cosa*) nice, pleasant; agreeable: *era un uomo incredibilmente simpatico,* he was a terribly nice man; *era molto attraente e simpatica,* she was very attractive and likeable; *il mio capo è un tipo simpatico ma inconcludente,* my boss is a genial but ineffectual guy; *ho ricevuto un simpatico biglietto dai miei amici,* I got a pleasant note from my friends; *la locanda subito dietro l'angolo è un locale simpatico,* the inn, just around the corner, is a pleasant place where to eat. ② (*anat.*) sympathetic. ♦ *riuscire simpatico,* to be popular; *trovare simpatico qd.,* to take to s.o.; *mi è molto simpatica,* I like her very much.

simpatizzare, *v.i.* ① to take (a liking) to: *i due ragazzi simpatizzarono subito,* the two boys took to each other at once. ② (*con una causa, un partito*) to sympathize.

simpatia, *s.* liking: *avere, sentire, provare simpatia per qd.,* to have a liking for (o to like) s.o. ♦ *ha la simpatia di tutti,* he is very popular with everybody; *cattivarsi la simpatia di tutti,* to make oneself popular with everybody; *andare a simpatie,* to be partial (o moody); *è entrato subito nelle simpatie del suo capo,* his boss took to him at once.

una lettera di condoglianze. ④
sintonia, accordo, armonia: *we are
in sympathy on many of the issues*,
siamo d'accordo su gran parte delle
questioni; *there was a peculiar bond
of sympathy between them*, fra loro
c'era una particolare intesa. ◆ *they
have strong left-wing sympathies*,
hanno delle chiare tendenze di sinistra; *to have no sympathy with*, essere poco inclini a, avere poca pazienza con, non sopportare: *I have no
sympathy with people who are
always complaining*, non sopporto
le persone che si lamentano sempre. NON SIGNIFICA → *simpatia.*

syndic ['sindik], *s.* ① agente d'affari; chi cura gli interessi di un ente.
② magistrato; funzionario del governo. ③ (*dir.*) sindaco.

syndicalism ['sindikəlizəm], *s.*
(*ant.*) sindacalismo.

syndicate ['sindikit], *s.* ① sindacato industriale o commerciale; consorzio industriale o finanziario: *a
syndicate of businessmen is building
a new hotel here*, un consorzio di uomini d'affari sta costruendo qui un
nuovo albergo. ② organizzazione
criminale, racket: *an organized
crime syndicate*, un racket del crimi-
ne organizzato. ③ agenzia di stampa. ④ consiglio di magistrati.

to syndicate ['sindikeit], *v.t.* ①
(*econ.*) riunire in sindacato; costituire un gruppo finanziario. ② ven-
dere articoli, fotografie, vignette,
tramite un'agenzia di stampa. NON
SIGNIFICA → *sindacare.*

sindaco, *s.* ① mayor. ② (*dir.*) syndic ◆ *sindaco revisore dei conti*,
auditor; internal auditor.

sindacalismo, *s.* (trade) union-
ism.

sindacato, *s.* ① (*organizzazione di
lavoratori*) trade union; (USA) labor
union. ② (*econ.*) syndicate.

sindacare, *v.t.* ① to check, to control; (*rif. a conti*) to audit. ② (*criticare*) to criticize.

T

to tax [tæks], *v.t.* ① tassare: *to tax luxury goods*, tassare i generi voluttuari. ② mettere alla prova: *a teacher's patience is sometimes taxed by her pupils*, la pazienza di un'insegnante è a volte messa a dura prova dagli scolari. ③ accusare: *he was taxed with negligence*, fu accusato di negligenza. → **tassare** // **tax**, *s.* ① tassa; imposta; tributo: *income tax*, imposta sul reddito. ② (*fig.*) peso, onere; dura prova: *this job proves to be a heavy tax on my time and energy*, questo lavoro ha finito con il diventare per me un onere pesante in termini di tempo e di impegno. ♦ *tax at source*, imposta alla fonte; *tax credit*, credito d'imposta; (*aut.*) *tax disc* (o *token*), bollo di circolazione; *tax evasion*, evasione fiscale; *tax free*, esentasse, esente da imposta; *tax heaven*, paradiso fiscale; rifugio fiscale; *tax loophole*, scappatoia fiscale; *value added tax* (VAT), imposta sul valore aggiunto (IVA). → **tassa**.

telescope ['teliskoup], *s.* ① telescopio. ② cannocchiale. → **telescopio** // **to telescope**, *v.t.* ① sintetizzare, riassumere, condensare. ② incastrare; far rientrare // *v.i.* rientrare; incastrarsi.

temper ['tempə*], *s.* ① carattere, indole, temperamento. ② umore; disposizione d'animo: *he is in a bad temper*, è di cattivo umore; *let's hope she'll be in a better temper to-*

tassare, *v.t.* to tax: *tassare in proporzione al reddito*, to tax in proportion to one's income // **tassarsi**, *v.r.* to chip in: *per aiutarla ci siamo tutti tassati*, to help her we all chipped in // **tassa**, *s.* ① (*econ.*) tax; (*dazio*) duty; (*pedaggio*) toll: *tassa di successione*, estate duty; *tassa di consumo*, excise duty. ② (*per iscrizione a scuole, etc.*) fee: *tasse scolastiche*, school fees.

telescopio, *s.* telescope.

tempera, *s.* ① (*tecnica pittorica*) tempera; (*dipinto*) tempera painting. ② (*ind.*) temper. ♦ *a tempera*, distemper; *dipingere a tempera*, to distemper.

morrow, speriamo che domani sia più bendisposta. ③ (*ind.*) tempra, tempera. ♦ *he went into a temper*, andò in collera; *to keep one's temper*, controllarsi; *a fit of temper*, un impeto di collera; *to lose one's temper*, perdere le staffe.

temperance ['tempərəns], *s.* ① temperanza; moderazione; autocontrollo; sobrietà. ② astinenza (dal bere alcolici).

temperanza, *s.* temperance; moderation; restraint. ♦ *la temperanza è una delle quattro virtù cardinali*, temperance is one of the four cardinal virtues.

temperate ['tempərit], *agg.* ① temperato: *a temperate climate*, un clima temperato. ② parco, sobrio: *a temperate eater*, una persona sobria nel mangiare. ③ moderato; controllato: *a temperate reply*, una risposta moderata; *a temperate behaviour*, un comportamento controllato. ④ astemio.

temperato, *agg.* ① temperate (anche *geog.*). ② temperate; moderate: *essere temperato nel bere*, to be a moderate drinker. ③ (*mus.*) tempered.

tentative ['tentətiv], *agg.* Anche se, come aggettivo, non può essere confuso con il sostantivo italiano *tentativo*, vale la pena di segnalare i suoi significati: ① esitante; timido; incerto: *to take a tentative step*, muovere un passo incerto; *a tentative caress*, una carezza esitante; *a tentative smile*, un sorriso incerto (*o* un mezzo sorriso). ② sperimentale; provvisorio: *tentative plans*, progetti sperimentali; *a tentative estimate*, una valutazione provvisoria.

tentativo, *s.* attempt; try: *fare un tentativo*, to make an attempt, to have a try; *tentativo di suicidio*, suicide attempt.

to terminate ['tə:mineit], *v.t.* ① terminare; finire; porre fine a: *he terminated his work sooner than expected*, terminò il suo lavoro prima del previsto. ② concludere, portare a termine: *to terminate a conversation*, concludere una conversazione. ③ (*fam.* USA) uccidere, sterminare: *to terminate all bad guys*, sterminare tutti i cattivi // *v.i.* terminare; finire: *a road terminating in woods*, una strada che termina nel bosco; *the train will terminate at Charing Cross*, il treno termina (*o* fa capolinea) a Charing Cross. ♦ *to terminate a pregnancy is unavoidable at times*, interrompere una gravidanza è a volte inevitabile.

terminare, *v.t.* to finish, to end; to conclude; (*formale*) to terminate: *terminare la lettura di un libro*, to finish reading a book; *terminò gli studi a diciotto anni*, he concluded his studies at eighteen // *v.i.* to end: *lo spettacolo termina a mezzanotte*, the show ends at midnight; *il romanzo termina bene*, the novel ends happily; *un nome che termina in consonante*, a noun ending in a consonant.

terrace ['terəs], *s.* ① terrazza, terrazzo (anche *geol.*). ② terrapieno. ③ fila di case a schiera; strada con case a schiera. ④ gradinata (di uno stadio). ⑤ galleria; portico. ⑥ spiazzo pavimentato, ma non coperto, davanti a una casa. ⑦ (USA) salvagente di una strada.

terrific [tə'rifik], *agg.* ① terrificante; spaventoso: *a terrific wail*, un lamento terrificante. ② eccezionale; stupendo, fantastico: *with her new haircut she looks terrific*, con il suo nuovo taglio di capelli è fantastica; *a terrific sunset*, un tramonto stupendo. ③ enorme; fortissimo; violento: *she knows a terrific amount of English words*, conosce una quantità enorme di vocaboli inglesi.

terse [tə:s], *agg.* ① laconico; succinto; conciso: *a terse style*, uno stile conciso; *a terse reply*, una risposta laconica. ② forbito (nel linguaggio): *a terse speaker*, un oratore forbito.

testimony ['testiməni], *s.* ① (*dir.*) testimonianza, deposizione: *to bear testimony*, testimoniare, deporre; fare da teste. ② prova; dimostrazione: *this is testimony to her virtues*, questa è una prova della sua virtù; *his smile was testimony of his disbelief*, il suo sorriso era una dimostrazione della sua incredulità. ♦ *the testimonies*, le tavole della legge. Non significa → **testimone**.

theory ['θi:əri], *s.* ① teoria (anche *estens.*): *the theory of evolution*, la teoria dell'evoluzione; *theory is one thing, practice is another*, la teoria è una cosa, la pratica un'altra. ② ipotesi; opinione; congettura; idea (in inglese questa accezione del sostantivo ha un uso molto più estensivo che in italiano): *that's your theory, but I disagree*, quella è la tua opinione, ma io non sono d'accordo; *my theory is that she was killed by her brother*, secondo me, è stata uccisa dal fratello.

terrazza, *s.* ① terrace (anche *geol. agr.*). ② (*superficie scoperta all'ultimo piano*) roof garden; (*senza piante*) flat roof; (USA) roof terrace.

terrificante, *agg.* terrifying: *un sogno terrificante*, a terrifying dream.

terso, *agg.* ① clear, clean, limpid: *aria tersa*, clean air. ② (*fig.*) (*limpido, forbito*) terse.

testimone, *s.* witness (anche *dir.*): I *fare da testimone a qd.*, to act as witness for s.o. II (*alle nozze*) to be the best man at s.o.'s wedding; *chiamare qd. a testimone*, to call s.o. to witness; *testimone a carico*, witness for the prosecution; *testimone a discarico*, witness for the defence. ♦ *testimone oculare*, eyewitness; *testimoni di Geova*, Jehovah's Witnesses.

teoria, *s.* ① theory (anche *estens.*): *formulare una teoria*, to formulate a theory; *i piani sono buoni in teoria, ma non funzioneranno in pratica*, the plans are good in theory, but they won't work in practice. ② idea; opinion; theory: *le tue teorie su quel problema sono audaci*, your ideas on that problem are bold. ③ (*lett.*) procession; line: *una lunga teoria di automobili*, a long line of cars.

thesaurus [θi'sɔːrəs], s. ① diziona-rio (specialmente di sinonimi e con-trari). ② glossario di termini spe-cialistici (per settori come la musi-ca, la medicina, etc.). ③ indice per categoria di termini memorizzati in un calcolatore. ④ (*lett.*) tesoro, ope-ra enciclopedica.

timid ['timid], *agg.* ① timoroso; ti-mido: *he was as timid as a rabbit*, era timido come un coniglio. ② esitan-te; insicuro: *a timid reply*, una rispo-sta esitante; *he was a very timid young man*, era un giovane molto in-sicuro.

tirade [tai'reid], s. tirata, diatriba: *he launched into a tirade against everybody and everything*, reagì con una tirata contro tutti e tutto.

toast[1] ['toust], s. pane tostato. ■
toast[2], s. ① brindisi: *to drink a toast*, fare un brindisi. ② persona alla cui salute si brinda. ③ persona ammi-rata da tutti.

topic ['tɔpik], s. argomento, sogget-to, tema: *the main topic of conver-sation was travelling*, il tema princi-pale della conversazione furono i viaggi; *World War II will be the topic for my lecture tomorrow*, la seconda guerra mondiale sarà l'argomento della mia conferenza domani. ◆ *topic sentence*, frase riassuntiva (posta all'inizio di un paragrafo che ne annuncia l'argomento, in sinte-si). NON SIGNIFICA → *topica*.

tesoro, s. ① treasure; treasury: *il tesoro di San Pietro*, the treasury of St. Peter's. ② (*luogo in cui vengono conservati oggetti preziosi*) treasure; (*in una banca*) vault. ③ (*erario pubblico*) treasury. ④ (*fig.*) (*cose preziose*) treasure; resources: *tesori artistici*, art treasures; *i tesori della terra*, the earth's resources. ⑤ (*fig.*) (*persona amata*) treasure, jewel; (*fam.*) sweetheart; (*fam.* USA) sweetie pie; honey. ⑥ (*opera enci-clopedica*) thesaurus. ◆ *il ministero del tesoro*, the Exchequer; *valere un tesoro*, to be worth a fortune; *far te-soro di qc.*, to treasure s.th. up; (*econ.*) *buono del tesoro:* I (*a breve termine*) Treasury bill. II (*a lungo termine*) Exchequer stock.

timido, *agg.* ① shy, bashful: *è trop-po timida per parlare*, she's far too shy to speak; *un timido sorriso*, a bashful smile. ② (*timoroso*) timid: *il cervo è un animale timido*, the deer is a timid animal.

tirata, s. ① pull; tug: *dare una tirata a qc.*, to give s.th. a tug. ② (*azione fat-ta senza interruzione*) go: *fare qc. in una tirata*, to do s.th. in one go. ③ (*diatriba*) tirade. ◆ *dare una tirata al-la sigaretta*, to take a puff on a ciga-rette; *tirata d'orecchi*, ear-pulling.

toast, s. (*panino tostato*) toasted sandwich.

topica, s. blunder; gaffe, faux pas; slip; (*slang* USA) boner: *fare una to-pica*, to commit a gaffe, to make a slip, to make a blunder.

topical ['tɔpikəl], *agg.* ① attuale; d'attualità: *first we must discuss a very topical problem*, prima di tutto dobbiamo discutere di un problema molto attuale. ② (*med.*) topico; locale.

topico, *agg.* (*med.*) topical; local.

tract[1] [trækt], *s.* ① estensione, distesa; (USA) terreno edificabile (per uso abitativo). ② (*anat.*) apparato, sistema: *the digestive tract*, l'apparato digerente. ③ periodo di tempo. ■ **tract**[2], *s.* (*rel.pol.*) trattatello; opuscolo. NON SIGNIFICA → *tratto*.

tratto, *s.* ① (*linea, segno*) stroke: *un tratto di penna*, a stroke of the pen. ② (*pl.*) (*lineamenti*) features: *tratti decisi*, marked features. ③ (*pl.*) (*elementi caratteristici*) features, characteristics: *i tratti di un'epoca*, the characteristics of an age. ④ (*parte, segmento*) part, segment; (*di tubazione, cavo*) length, piece. ⑤ (*modo di trattare*) ways, manners: *ha un tratto molto gentile*, she shows very good manners. ⑥ (*fig.*) (*brano di manoscritto*) passage; excerpt. ⑦ (*nel gioco degli scacchi*) move: *avevo il tratto*, it was my move. ♦ *un tratto di mare*, an expanse of sea; *un tratto di strada*, a stretch; *tutto d'un tratto*, all of a sudden (*o* suddenly).

to traduce [trə'dju:s], *v.t.* (*lett.*) calunniare, diffamare; denigrare, screditare; (*estens.*) gettare il ridicolo su. NON SIGNIFICA → *tradurre*.

tradurre, *v.t.* ① to translate: *tradurre dal francese in inglese*, to translate from French into English. ② (*condurre*) to take; (*trasferire*) to transfer: *l'imputato fu tradotto in carcere*, the defendant was taken to prison. ♦ *tradurre in atto*, to put into effect (*o* to carry out); *tradurre in giudizio*, to bring before the court (*o* judge).

to transport ['trænspɔ:t], *v.t.* ① trasportare: *mail was transported daily by plane*, la posta veniva trasportata quotidianamente in aereo. ② deportare: *convicts were transported to colonies*, gli ergastolani venivano deportati nelle colonie. ③ (*fig.*) trasportare, trascinare; estasiare: *she was transported by the beauty of the music*, era estasiata dalla bellezza della musica.

trasportare, *v.t.* ① to transport, to carry; to take: *trasportare la merce*, to transport the goods; *è stato trasportato in ospedale*, he was taken to the hospital. ② (*fig.*) (*trascinare*) to transport, to carry away: *si lasciò trasportare dall'ira*, he let himself be carried away by anger. ③ (*spingere*) to drive: *la corrente ha trasportato la barca al largo*, the current drove the boat offshore. ④ (*mus.*) to transpose.

tremendous [tri'mendəs], *agg.* ① tremendo, terrificante, spaventoso: *I heard a tremendous explosion*, ho sentito una tremenda esplosione. ② straordinario; fantastico; meraviglioso, eccezionale: *we went to a tremendous concert last night*, siamo stati a sentire un concerto meraviglioso ieri sera; *he is a tremendous eater*, è un mangiatore eccezionale; *a tremendous success*, un successo straordinario (*o* incredibile). ③ enorme, immenso, gigantesco, possente, fortissimo: *it was a tremendous effort*, fu uno sforzo tremendo; *the plane took off with tremendous noise*, l'aereo decollò con un rumore fortissimo; *a tremendous amount of money*, un'enorme quantità di denaro.

tremendo, *agg.* ① tremendous, dreadful, frightful: *un tremendo incidente*, a frightful accident. ② (*molto spiacevole*) terrible, awful: *fa un caldo tremendo*, the heat is terrible. ♦ *avere una fame, una sete tremenda*, to be awfully hungry, thirsty.

trivial ['triviəl], *agg.* insignificante; banale; futile: *a very trivial speech*, un discorso molto banale; *why do you get angry over such trivial matters?*, perché ti arrabbi per questioni così futili? ♦ *the trivial round*, il solito trantran. NON SIGNIFICA → *triviale*.

triviale, *agg.* vulgar; coarse; ribald: *un commento triviale*, a coarse remark; *una barzelletta triviale*, a ribald joke; *usare un linguaggio triviale*, to use a coarse language.

troop [tru:p], *s.* ① (*pl.*) truppa, truppe; soldati. ② squadrone di cavalleria. ③ gruppo; torma, frotta; branco: *a troop of scouts was camping by the river*, un gruppo di giovani esploratori era accampato vicino al fiume; *a troop of wolves was roaming the woods*, un branco di lupi si aggirava nei boschi.

truppa, *s.* ① troop(s): *truppe d'assalto*, assault troops; *truppe d'occupazione*, occupation troops. ② (*fig.*) troop: *una truppa di studenti*, a troop of students. ♦ *truppe mercenarie*, mercenaries; *truppe da sbarco*, landing forces; *graduato di truppa*, corporal (*o* NCO = non-commissioned officer); *uomini di truppa*, troops (*o* ranks).

truculent ['trʌkjulənt], *agg.* bellicoso; aggressivo; spavaldo: *those hooligans are awfully truculent*, quei teppisti sono incredibilmente spavaldi; *he was standing before me with clenched fists and a truculent expression*, stava di fronte a me con i pugni chiusi e un'aria spavalda.

truculento, *agg.* ① (*truce, torvo*) grim; threatening; fierce: *avere un aspetto truculento*, to look fierce (*o* threatening); *un'espressione truculenta*, a grim expression. ② (*crudele, violento*) cruel, grim; blood-curdling: *un film truculento*, a blood-curdling film; *una storia truculenta*, a grim story.

trunk [trʌŋk], *s.* ① tronco (*anche anat.*); (*bot.*) tronco, fusto. ② baule. ③ proboscide. ④ (USA) bagagliaio di un'automobile. ⑤ (*pl.*) calzoncini da ginnastica. ⑥ (*ferr.*) linea principale; (*telefonia*) circuito di collegamento. ⑦ (*informatica*) canale. ♦ *trunk-call*, interurbana; *trunk exchange*, centralino telefonico (interurbano); *trunk sewer*, collettore di rete fognaria.

tube [tju:b], *s.* ① tubo; conduttura. ② tubetto: *a tube of toothpaste*, un tubetto di dentifricio. ③ (GB) metropolitana, ferrovia sotterranea: *to travel by tube*, viaggiare in metropolitana. ④ (*fam.* USA) televisione. ♦ *bronchial tubes*, bronchi; *Fallopian tubes*, tube di Falloppio; *test tube*, provetta; *inner tube*, camera d'aria; *a torpedo tube*, un tubo lanciasiluri; (*fam.* USA) *to go down the tube*, andare sprecato; andare in malora.

turgid ['tə:dʒid], *agg.* ① turgido, gonfio: *turgid cells*, cellule turgide. ② (*fig.*) ampolloso, pomposo: *a turgid style*, uno stile ampolloso. ③ (*detto di acque*) melmoso. ④ tedioso; astruso.

tutor ['tju:tə*], *s.* ① istitutore; ripetitore; insegnante privato; precettore. ② (GB) docente incaricato di assistere un piccolo gruppo di studenti in un'università o in un college. ③ (USA) docente universitario incaricato. NON SIGNIFICA → *tutore*.

tronco, *s.* ① (*bot.anat.*) trunk. ② (*tratto*) section: *tronco ferroviario,* railway section; *costruire un tronco di strada,* to build a road section. ♦ *una capanna di tronchi,* a log cabin; *il tronco di una colonna,* the shaft of a column; *tronco di cono,* truncated cone.

tubo, *s.* ① pipe; tube: *tubo dell'acqua, del gas,* water, gas pipe; *tubo di scarico,* drain pipe; *tubo di scappamento,* exhaust pipe; *tubo catodico,* cathode-ray tube. ② (*anat.*) canal; tube: *tubo digerente,* alimentary canal; *tubo midollare,* medullary tube (*o* neural canal). ♦ (*fam.*) *non me ne importa un tubo,* I don't care a fig.

turgido, *agg.* ① turgid, swollen: *acini d'uva turgidi,* swollen grapes. ② (*fig.*) (*ampolloso*) turgid; bombastic; pompous. ③ (*rif. a parti del corpo*) full: *labbra turgide,* full lips.

tutore, *s.* (*dir.*) guardian: *fare da tutore a qd.,* to be s.o.'s guardian. ♦ *tutore della legge,* policeman; *i tutori dell'ordine pubblico,* the police.

U

ulterior [ʌl'tiəriə*], *agg.* recondito, nascosto; segreto: *he has an ulterior motive for seeing her: he's going to ask her for some money*, ha un motivo recondito per vederla: le chiederà dei soldi. NON SIGNIFICA PIÙ → *ulteriore*.

ulteriore, *agg.* further: *è nostra intenzione avviare un'ulteriore serie di colloqui*, we are aiming at a further round of talks; *per ulteriori informazioni, si rivolga alla mia segretaria, per favore*, for further information, see my secretary, please.

ultimate ['ʌltimit], *agg.* ① ultimo, definitivo, finale: *the ultimate decision*, la decisione finale. ② massimo, sommo, supremo: *the ultimate authority*, l'autorità suprema; *ultimate despair*, somma disperazione (o *abisso di disperazione*). ③ basilare, fondamentale: *ultimate principles*, principi basilari; *ultimate status symbol*, fondamentale simbolo di prestigio. ♦ *the ultimate in ...*, il massimo ..., il non plus ultra ...: *the ultimate in communications technology*, il massimo nella tecnologia delle comunicazioni. OVVIAMENTE NON SIGNIFICA → *ultimatum.*

ultimatum, *s.* (*pol.*) ultimatum (anche *estens.*): *dare l'ultimatum a qd.*, to give s.o. an ultimatum.

ultimately ['ʌltimətli], *avv.* ① finalmente, alla fine: *ultimately the decision was the President's*, alla fine fu il Presidente a decidere. ② in definitiva; in ultima analisi: *ultimately the problems were not economic but practical*, in definitiva i problemi non erano di natura economica, bensì pratica. NON SIGNIFICA → *ultimamente.*

ultimamente, *avv.* lately; recently; (*più formale*) of late: *la situazione è sembrata più seria ultimamente*, the situation has seemed more serious lately; *non l'ho vista ultimamente*, I haven't seen her recently; *il Presidente è parso preoccupato ultimamente*, the President has seemed worried of late.

unalterable [ʌnˈɔːltərəbl], *agg.* immutabile: *he had come to an unalterable decision*, era giunto a una decisione immutabile. NON SIGNIFICA → *inalterabile*.

uneducated [ˈʌnˈedjukeitid], *agg.* ignorante, incolto, privo d'istruzione: *they were uneducated because they had never been to school*, erano ignoranti perché non erano mai stati a scuola.

urgency [ˈɔːdʒənsi], *s.* ① urgenza: *it was a matter of great urgency*, era una faccenda molto urgente. ② insistenza; invadenza; importunità. ③ assoluta necessità; bisogno incalzante; impellenza: *as a matter of urgency*, in modo impellente.

urgent [ˈɔːdʒənt], *agg.* ① urgente: *an urgent message*, un messaggio urgente. ② insistente; invadente; importuno: *an urgent plea*, una supplica insistente; *his urgent presence annoyed me*, la sua presenza importuna mi infastidiva; *he spoke to me in a loud and urgent voice*, si è rivolto a me con un tono alto di voce, oltre che insistente.

utility [juːˈtiliti], *s.* ① utilità (anche *econ.*): *the utility of household appliances*, l'utilità degli elettrodomestici. ② cosa utile o pratica. ③ servizio pubblico; ente erogatore (di acqua, gas, elettricità). ♦ *utilities budget*, budget dei servomezzi; *utility company*, impresa di pubblici servizi; *utility goods*, beni utilitari (o autarchici).

inalterabile, *agg.* lasting; (*rif. a colori*) fast; (*rif. a metalli*) non-tarnish: *un'amicizia inalterabile*, a lasting friendship.

ineducato, *agg.* ① (*maleducato*) ill-mannered; impolite: *non sopporto la gente ineducata*, I can't stand ill-mannered people; *condotta ineducata*, impolite behaviour. ② (*non istruito*) uneducated.

urgenza, *s.* urgency. ♦ *d'urgenza*, urgently; *ho urgenza di parlargli*, I badly need to talk to him; *fare urgenza a qd.*, to press (o urge) s.o.

urgente, *agg.* urgent; pressing: *bisogno urgente*, urgent need; *avere bisogno urgente di qc.*, to have urgent need of s.th., to need s.th. urgently.

utilità, *s.* ① utility; usefulness: *l'utilità dell'esercizio*, the usefulness of training. ② (*vantaggio*) profit, benefit. ③ (*econ.*) utility. ♦ *per ragioni di pubblica utilità*, in the public interest; *trarre un'utilità da qc.*, to benefit (o profit) by s.th.

V

vacancy ['veikənsi], *s.* ① posto libero, posto vacante: *at the moment there are no vacancies in our department*, al momento attuale nel nostro reparto non ci sono posti liberi. ② stanza libera (in un albergo): *"No vacancies"*, "Completo". ③ spazio vuoto, vuoto, lacuna. ④ (*raro*) vuoto di memoria. NON SIGNIFICA PIÙ → **vacanza.**

vacant ['veikənt], *agg.* ① vacante, vuoto, non occupato, libero; (*formale*) disponibile; (*di immobili*) sfitto: *I couldn't find a vacant room in any hotel over the week-end*, durante il fine settimana non sono riuscito a trovare una stanza libera in nessun albergo; *there are vacant posts for salesmen in that company*, in quella società ci sono posti vacanti per venditori; *a vacant house*, una casa libera; *a vacant flat*, un appartamento sfitto. ② vuoto, inespressivo; stupido; (*rif. a sguardo*) assente: *it was a vacant play for vacant minds*, era una commedia stupida per menti vuote; *a vacant look*, uno sguardo assente. ③ libero, senza impegni: *vacant hours*, ore libere; *vacant time*, tempo libero. ♦ (*dir.*) *vacant possession*, disponibilità allodiale di un immobile.

to vacillate ['væsileit], *v.i.* ① essere indeciso, tentennare, esitare, essere incerto: *people who vacillate make poor executives and even poorer generals*, gli indecisi sono dei cattivi di-

vacanza, *s.* ① holiday; (USA) vacation: *domani è vacanza*, tomorrow is a holiday. ② (*del Parlamento*) recess; (*di tribunali, università*) vacation; (*fam.*) vac. ② (*raro*) (*l'essere vacante*) vacancy. ♦ *ho bisogno di un po' di vacanza*, I need a break.

vacante, *agg.* vacant: *posto, sede, carica vacante*, vacancy.

vacillare, *v.i.* ① to sway; to stagger; (*più enfatico*) to totter; (*spec. rif. a cose*) to wobble: *raggiunse vacillando la sedia più vicina*, she tottered to the nearest chair. ② (*rif. al-*

rigenti e dei pessimi generali; *she vacillates in her affections*, è indecisa nei suoi affetti (il suo mondo affettivo manca di equilibrio). ② (*solo USA*) vacillare, ondeggiare, barcollare.

valuable ['væljuəbl], *agg.* ① molto utile; prezioso; insostituibile: *a valuable help*, un aiuto prezioso; *a valuable lesson*, una lezione insostituibile. ② prezioso, di gran valore: *a valuable diamond*, un diamante di gran valore: *in her sitting-room there are many valuable items of exquisite good taste*, nel suo salotto ci sono molti oggetti preziosi di ottimo gusto // *s.pl.* gioielli, oggetti di valore, i preziosi: *I was robbed of all my valuables*, mi hanno rapinato di tutti i miei preziosi. NON SIGNIFICA → **valutabile**.

vent [vent], *s.* ① (*tec.*) apertura di sfogo; sfiatatoio; ventola. ② (*geol.*) bocca, orifizio. ③ (*zool.*) ano, cloaca (di pesci, uccelli e anfibi). ④ (*fig.*) sfogo: *he gave vent to his feelings*, diede libero sfogo ai suoi sentimenti; (*lett.*) *to give vent to a noise*, emettere un rumore (come reazione a una sollecitazione). ⑤ (*artiglieria*) focone. ⑥ (*sartoria*) spacco. ⑦ (*USA*) deflettore (di un'automobile). NON SIGNIFICA → **vento**.

venture ['ventʃə*], *s.* ① iniziativa: *the success of the venture is assured*, il successo dell'iniziativa è assicurato. ② avventura, progetto (rischioso): *a challenging research venture*, un progetto nel campo della ricerca che è di per sé una sfida. ③ (*estens.*) viaggio rischioso, spedizione avventurosa. ④ (*econ.*) speculazione, operazione a rischio: *venture capital*, capitale di rischio. ⑤ puntata (nei giochi d'azzardo). ♦ *at a venture*, per puro caso; a caso; (*fin.*) *joint venture*, impresa (o speculazione) in partecipazione. NON SIGNIFICA →

le gambe) to shake, to be unsteady: *vacilla sulle gambe*, he is shaky on his legs. ③ (*rif. a fiamma, luce*) to flicker, to waver: *la luce vacillò e si spense*, the light flickered and went out. ♦ (*fig.*) *il trono vacilla*, the throne is tottering; (*fig.*) *la mia memoria vacilla*, my memory wavers.

valutabile, *agg.* assessable, estimated, that can be valued: *una perdita non facilmente valutabile*, a loss that can't be easily estimated.

vento, *s.* ① wind. ② (*flusso d'aria*) (air) current, air flow. ③ (*fam.*) (*peto*) fart. ④ (*mar.*) stay, guy rope. ♦ *a vento*, wind: *mulino a vento*, windmill; *giacca a vento*, wind jacket; *colpo di vento*, gust (*o* puff) of wind; *raffica di vento*, squall of wind; (*fig.*) *contro vento*, against the stream; *farsi vento*, to fan oneself; (*fig.*) *gridare ai quattro venti*, to shout s.th. from the rooftops; *navigare con il vento in poppa*, to sail before the wind (anche *fig.*).

ventura, *s.* (*destino*) chance; (*fortuna*) (good) luck, fortune: *andare alla ventura*, to take one's chance; *andare in cerca di ventura*, to seek one's fortune. ♦ (*st.*) *compagnie di ventura*, mercenary troops; *soldati di ventura*, soldiers of fortune.

ventura // **to venture**, *v.t.* ① azzardare, osare: *to venture an opinion*, azzardare un'opinione. ② rischiare, mettere a repentaglio: *to venture one's life*, mettere a repentaglio la propria vita. ③ sfidare: *to venture a storm*, sfidare una tempesta // *v.i.* avventurarsi; spingersi: *to venture too near the edge of a cliff*, spingersi troppo vicino al bordo di un precipizio.

to verbalize (*o* **verbalise**) ['vɔ:bəlaiz], *v.t.* ① esprimere a parole: *he was so upset that he could hardly verbalize his feelings*, era così sconvolto che a mala pena riuscì a esprimere a parole i suoi sentimenti. ② sostituire (*p.e.* un sostantivo) con un verbo: *English is a language in which nouns are easily verbalized*, l'inglese è una lingua nella quale i sostantivi si possono facilmente trasformare in verbi // *v.i.* ① sapersi esprimere con parole, comunicare verbalmente. ② essere verboso. Non significa → *verbalizzare*.

verbalizzare, *v.t.* to record, to put on record; (*dibattiti, assemblee, etc.*) to minute.

to verify ['verifai], *v.t.* ① (*lett.*) verificare, accertare, controllare. ② (*dir.*) ratificare, sanzionare. ③ (*dir.*) autenticare (documenti). ♦ *to verify a statement*, suffragare un'asserzione (con prove).

verificare, *v.t.* ① to check; to double-check, to control; (*lett.*) to verify. ② (*comm.*) to audit: *verificare i conti*, to audit the accounts. ③ (*tec.*) to calibrate // *verificarsi*, *v.i. pron.* (*avverarsi*) to come true; (*accadere*) to happen, to take place.

verminous ['vɔ:minəs], *agg.* ① infestato da parassiti, insetti o animali nocivi. ② (*estens.*) sporco, lurido, repellente. ③ (*med.*) verminoso.

verminoso, *agg.* ① worm-eaten. ② (*raro*) (*med.*) verminous.

versus ['vɔ:səs], *prep.* ① in contrasto a, in contrapposizione con: *death versus dishonour*, la morte (posta) in contrapposizione (o contrapposta) al disonore. ② (*dir. sport*) contro: *plaintiff versus defendant*, parte civile contro imputato (o convenuto); *the big match next Sunday is Milan versus Inter*, il grande incontro di domenica è Milan contro Inter. Non significa → *verso* (*prep.*).

verso, *prep.* ① (*direzione*) toward(s); ...ward(s) (come suffisso); in the direction of: *verso ovest*, westward(s); *verso l'alto*, upward(s); *verso il basso*, downward(s); *veniva verso di me*, he was moving towards me. ② (*contro*) against, (up)on. ③ (*temporale*) toward(s), about: *ci vediamo verso le sette*, we'll meet at about seven. ④ (*rif. a luogo: vicino*) near: *abita verso la stazione*, he lives near the station. ♦ *è molto gentile verso di me*, he is very kind to me.

vest [vest], *s.* ① (GB) maglia, maglietta. ② (USA) panciotto, gilet. NON SIGNIFICA → *veste*.

veste, *s.* ① dress, frock. ② (*pl.*) clothes, garments, clothing. ③ (*rivestimento*) casing. ④ (*fig.*) (*qualità*) capacity; (*come*) as: *in veste di amico*, as a friend; *in veste di consulente legale*, in his capacity as a solicitor. ♦ *veste da camera*, dressing gown; *avere veste ufficiale*, to have (official) authority, to be authorized; *veste editoriale*, layout; *veste talare*, cassock.

veteran ['vetərən], *agg./s.* ① veterano (anche *estens.*): *Vietnam veterans*, i veterani della guerra del Vietnam; *a veteran politician*, un veterano della politica; *a veteran of Women's Lib*, una veterana del Movimento per la Liberazione della Donna. ② (USA) reduce. ♦ (USA) *Veterans Day*, "Veterans Day", Anniversario della Vittoria (11 novembre), che celebra l'armistizio che pose fine alla I Guerra Mondiale (1918). In precedenza, la ricorrenza era chiamata "Armistice Day".

veterano, *agg./s.* ① (*soldato anziano*) veteran, old soldier; (*ex combattente*) ex-serviceman, (USA) veteran. ② (*fig.*) veteran, old hand: *un veterano dello sci*, a veteran skier.

viability [,vaiə'biliti], *s.* ① (*spec. biol.*) possibilità di sopravvivere in un determinato ambiente; vitalità. ② possibilità pratica; possibilità di realizzarsi: *serious questions as to the viability of the economic plan*, si pongono seri problemi per quanto concerne la realizzazione pratica del piano economico. ③ (*econ.*) vitalità. NON SIGNIFICA → *viabilità*.

viabilità, *s.* ① state of the road(s), road conditions. ② (*rete stradale*) roads, road network. ③ (*norme sul traffico*) traffic regulations.

vicarious [v(a)i'kɛəriəs], *agg.* ① indiretto, per interposta persona, provato (o vissuto) attraverso l'esperienza altrui: *vicarious punishment*, punizione subita al posto di un altro; *what he told gave me a vicarious thrill*, ascoltando quello che mi raccontava provai di riflesso un brivido. ② (*biol.*) vicariante. Questo aggettivo, molto usato nel linguaggio pseudo-familiare specialmente dagli americani, è un tranello a "luci rosse". Infatti, a livello di traduzioni anche accreditate, gli arrangiamenti in lingua italiana raggiungono

vicario, *agg.* (*di vescovo*) suffragan (*agg./s.*) ∥ *s.* vicar. ♦ *il Vicario di Cristo*, the Vicar of Christ; *vicario generale*, vicar-general; *vicario apostolico*, vicar apostolic.

spesso livelli deliranti, poiché per noi la matrice etimologica del termine - al di fuori del linguaggio ecclesiastico - si è persa nella notte dei tempi. NON SIGNIFICA → *vicario agg.*

vicious ['viʃəs], *agg.* ① vizioso, depravato, dissoluto: *a vicious life*, una vita viziosa; *to acquire vicious habits*, darsi a una vita dissoluta (*o* mettersi sulla strada del vizio). ② pericoloso, insidioso, vile; maligno; basso; disonesto, poco pulito; (*rif. a motivazioni*) con finalità poco chiare; (*rif. a ragionamento*) capzioso: *there's a vicious terrorist on the loose*, c'è un pericoloso terrorista a piede libero; *a vicious argument*, un ragionamento capzioso; *a vicious blow*, un colpo basso; *a vicious remark*, una osservazione maligna; *a vicious rumour*, una diceria maligna; *vicious interests*, interessi poco puliti (*o* sporchi); *a vicious system of financing*, un sistema di finanziamenti poco pulito (*o* di dubbia provenienza). ③ (*rif. ad animali*) cattivo, feroce, infido; (*rif. a cavalli*) ombroso: *a vicious dog*, un cane feroce (pericoloso); *a vicious horse*, un cavallo ombroso; *a vicious cat*, un gatto infido. ④ crudele, spietato, brutale: *piranha is a vicious killer*, il piranha è un assassino spietato; *Nazism was the most vicious totalitarian system in history*, il Nazismo è stato la forma più brutale di totalitarismo a memoria d'uomo. ♦ (*fig.*) *a vicious circle*, circolo vizioso; (*fig.*) *a vicious attack*, un attacco veleno- so; *a vicious wind*, un vento furibondo (che taglia la faccia); *men can be unbelievably vicious about each other*, la cattiveria umana non ha limiti.

video ['vidiou], *s.* ① videoregistra- zione: *we use video for teaching foreign languages now*, ora ci servia- no della videoregistrazione per l'in- segnamento delle lingue straniere. ② videoregistratore: *turn on the video, please*, accendi il videoregi- stratore, per favore. ③ programma

vizioso, *agg.* ① dissolute, de- praved; (*con concetti astratti*) de- based; (*rif. a società*) corrupt; (*rif. a vita*) vicious; (*con cattive abitudini*) with bad (*o* vicious) habits. ② (*dir.*) vitiated, vicious, unlawful. ③ (*difet- toso*) faulty, defective // *s.* depraved person, profligate, debauchee. ♦ (*fig.*) *circolo vizioso*, vicious circle.

video, *s.* ① (TV) video; vision: *in- terferenza al video*, interference on the vision. ② (*schermo*) screen. ③ (*informatica*) display unit // *agg.* video: *segnale video*, video (*o* pic- ture) signal. ♦ *video scrittura*, word processing. Per gli altri composti → la voce **video** dall'inglese.

televisivo (o film) registrato: *I hope you'll like this video*, spero ti piacerà questo programma (o film) registrato. ④ (*adesso poco usato*) video (contrapposto ad audio). ⑤ (*adesso poco usato*) televisione: *a star of stage, screen and video*, una stella del teatro, cinema e televisione. ♦ *videocassette*, videocassetta; *video cassette recorder*, videoregistratore (VCR); *video program(me)*, programma video; *video outlet*, negozio specializzato nella vendita di videoregistratori e videocassette; *videophile*, fanatico della videoregistrazione (forse un giorno qualche coraggioso lancerà il neologismo "videofilo", sul conio di cinefilo che, se mal gestito o interpretato, può far pensare al "cinofilo"); *videotape*, videonastro, videoregistrazione: *I saw the videotape of his interview*, ho visto la registrazione della sua intervista; *video clip:* I breve programma registrato per la TV che documenta un avvenimento, o reclamizza un prodotto. II brevissimo film che accompagna un brano di musica "pop".

vigil ['vidʒil], *s.* ① veglia; vigilanza: *to keep vigil over a sick person*, vegliare un malato. ② (*pl.*) (*poco usato*) riti della vigilia.

vile [vail], *agg.* ① miserevole, gramo: *a vile existence*, una vita grama. ② pessimo, orribile; disgustoso: *vile weather*, tempo pessimo; *vile food*, cibo disgustoso. ③ spregevole, degradante, ignobile: *you are vile!*, sei un essere ignobile!; *vile habits*, abitudini spregevoli; *vile language*, linguaggio ignobile. NON SIGNIFICA → *vile*.

villain ['vilən], *s.* ① furfante, canaglia, farabutto, gaglioffo: *that man was really an out-and -out villain*, quell'individuo era un farabutto fatto e finito. ② (*teat. cine*) "il cattivo" (il personaggio che si contrap-

vigilia, *s.* ① eve, night before; day before. ② (*rel.*) vigil; (*digiuno*) fast: *fare vigilia*, to fast. ♦ *vigilia di Natale*, Christmas Eve; *vigilia di Capodanno*, New Year's Eve.

vile, *agg.* ① (*vigliacco*) cowardly. ② mean, low, base; infamous: *un vile tradimento*, base treachery; *comportamento vile*, infamous conduct. ③ (*di poco conto*) cheap, worthless: *merce vile*, cheap (o shoddy) goods. ♦ *di vili natali*, of low birth; *metallo vile*, base metal.

villano, *agg.* ① (*maleducato*) rude, ill-mannered; rough, boorish, loutish, uncouth: *modi villani*, loutish (o uncouth) manners. ② (*offensivo*) insulting, offensive: *parole villane*, insulting words // *s.* ① (*individuo*

pone al protagonista, anche in opere letterarie, impersonando le forze del male): *he was cast as the villain in a major production*, in un film importante gli hanno dato il ruolo del cattivo. ③ (*di bambini*) bricconcello, birbante: *you little villain!*, birbantello! ♦ *the villain of the piece*, il cattivo della situazione (una specie di "capro espiatorio" sul quale si fanno ricadere tutte le colpe, in un determinato contesto). NON SIGNIFICA → **villano**.

to vindicate ['vindikeit], *v.t.* ① ottenere una affermazione (nonostante le previsioni in senso contrario): *notwithstanding the gloomy forecast, he was decisively vindicated*, nonostante le nere previsioni riuscì a spuntarla senza ombra di dubbio. ② (*dir.*) rivendicare, affermare; difendere: *to vindicate one's claims*, rivendicare i propri diritti. NON SIGNIFICA PIÙ → **vendicare**.

to violate ['vaiəleit], *v.t.* ① violare, non rispettare, venire meno a: *to violate a promise*, venire meno a una promessa. ② profanare, dissacrare: *to violate a temple*, profanare un tempio. ③ (*poco usato*) violentare (una donna). ♦ *to violate the peace*, disturbare la pace.

virago [vi'reigou], *s.* (*lett.*) donna bisbetica, brontolona, pettegola, intrigante; (*fam.*) carabiniere: *she is a real virago: always bad-tempered and shouting at people*, quella donna è una bisbetica (*o* una vera strega), sempre di cattivo umore e pronta a gridare dietro a tutti. NON SIGNIFICA PIÙ → **virago**.

virtual ['və:tjuəl], *agg.* ① effettivo, reale, a tutti gli effetti (pratici); concreto: *a virtual impossibility*, una impossibilità concreta; *it was a virtual defeat*, un'autentica sconfitta; *not the President but his wife was the virtual ruler of the country*, non il Presidente, ma sua moglie teneva a

rozzo) boor, lout. ② (*contadino*) peasant, countryman.

vendicare, *v.t.* to avenge, to revenge: *vendicare con il sangue*, to avenge in blood // **vendicarsi**, *v.r.* to avenge (*o* revenge) oneself; to take revenge: *vendicarsi di un torto*, to take revenge of a wrong.

violare, *v.t.* ① to violate (anche estens.). ② (*forzare*) to break: *violare il domicilio*, to housebreak; *violare i sigilli*, to break the seals. ♦ *violare la legge*, to break the law; *violare il segreto epistolare*, to violate the privacy of letters.

virago, *s.* ① masculine-looking woman, mannish woman. ② (*lett.*) virago.

virtuale, *agg.* ① (*potenziale*) potential, possible: *vincitore virtuale*, potential winner. ② (*scient.*) virtual // **virtualmente**, *avv.* ① potentially, practically. ② virtually.

tutti gli effetti le redini del comando. ② (*scient.*) virtuale: *virtual focus*, fuoco virtuale; *virtual image*, immagine virtuale; (*informatica*) *virtual memory*, memoria virtuale. // **virtually** ['vɔ:tjuəli], *avv.* praticamente, in effetti, a tutti gli effetti: *they were virtually identical*, erano praticamente identici; *virtually, I have finished editing this dictionary*, praticamente si può dire che ho finito (o in effetti ho finito) la stesura di questo dizionario; *it was virtually impossible to decide*, in effetti era impossibile prendere una decisione.

visible ['vizibl], *agg.* ① visibile; evidente; tangibile: *visible object*, oggetto visibile; *there is no visible solution*, non s'intravede una soluzione evidente; *the results are visible*, i risultati sono tangibili. ② disponibile, a portata di mano: *visible supply*, scorte disponibili. ③ ben in vista: *a visible file*, uno schedario ben in vista.

visibile, *agg.* ① visible, that may be seen: *visibile a occhio nudo*, visible to the naked eye. ② (*evidente*) evident, obvious, clear.

visitor ['vizitə*], *s.* ① visitatore. ② turista. ③ (*fantascienza*) extraterrestre. ④ ispettore.

visitatore, *s.* visitor, caller.

vista ['vistə], *s.* ① vista, veduta; prospettiva ottica: *a vista of the tower from between the trees*, una veduta della torre inquadrata dagli alberi. ② (*arch.*) fuga prospettica. ③ prospettiva, orizzonte: *he opened a vista into a mean life*, egli schiuse nuovi orizzonti in una vita mediocre; *new vistas of scientific discovery*, nuove prospettive di scoperte scientifiche. ④ *pl.* memorie, ricordi.

vista, *s.* ① sight; eyesight: *disgraziatamente non ha la vista buona*, unfortunately his eyesight is poor; *avere una buona vista*, to have a good sight; *alla sua vista svenne*, at his sight, she fainted. ② (*panorama*) view; panorama: *camera con vista*, a room with a view; *dalla terrazza si godeva una splendida vista di montagne incappucciate di neve*, from the terrace one could see a vast panorama of snow-capped mountain tops. ♦ *a prima vista*, at first sight; *in vista di*, in view of; *conoscere qd. di vista*, to know s.o. by sight; *cambiale a vista*, sight bill; *perdere di vista*, to lose sight of; *punto di vista*, point of view.

vocal ['voukəl], *agg.* ① vocale: *the vocal chords*, le corde vocali. ② orale; sonoro. ③ esplicito; che parla chiaro: *they were quite vocal on the matter*, furono molto espliciti in proposito.

vocale, *agg.* vocal (anche *anat. mus.*).

to vociferate [vou'sifəreit], *v.i.* urlare, sbraitare (in segno di protesta) // *v.t.* pronunziare ad alta voce (con insistenza). NON SIGNIFICA → *vociferare*.

vociferare, *v.i.* ① to shout, to bawl; to yell. ② (*spargere una voce*) to rumour: *si vocifera che ...,* it is rumoured that ....

volatile ['vɔlətail], *agg.* ① (*rif. a persone*) incostante, volubile: *a volatile woman*, una donnina volubile (*o* leggera); *a volatile temperament*, un temperamento incostante. ② precario, instabile: *the political situation in the Middle East is dangerous and volatile*, la situazione politica nel Medio Oriente è pericolosamente instabile. ③ (*chim.*) volatile.

volatile, *agg.* (*chim.*) volatile // *s.* ① bird. ② *pl.* (*collettivo*) winged creatures; birds; (*lett.*) fowl (*pl.*).

voluble ['vɔljubl], *agg.* ① ciarliero, loquace, logorroico; con la lingua sciolta. ② (*bot.*) volubile. // *volubility* [,vɔlju'biliti], *s.* loquacità, logorrea; facilità di parola; scilinguagnolo. NON SIGNIFICA → *volubilità.*

volubile, *agg.* ① (*incostante*) fickle, inconstant: *avere un carattere volubile*, to be inconstant. ② (*rif. a tempo*) changeable, variable. ③ (*bot.*) voluble, twining // *volubilità*, *s.* inconstancy, fickleness.

voluminous [və'lju:minəs], *agg.* ① (*rif. ad abiti*) ampio, ricco: *a voluminous skirt*, una gonna ampia. ② (*rif. a scritti*) dettagliato, circostanziato; prolisso: *a voluminous report*, una relazione vasta e circostanziata. ③ che si compone di molti volumi: *a voluminous encyclopaedia*, una enciclopedia in molti volumi. NON SIGNIFICA PIÙ → *voluminoso.*

voluminoso, *agg.* bulky, huge: *un pacco voluminoso*, a bulky parcel.

to vulgarize ['vʌlgəraiz], *v.t.* ① involgarire, rendere volgare. ② (USA) volgarizzare, divulgare.

volgarizzare, *v.t.* ① to popularize, to present in popular form; (USA) to vulgarize. ② (*tradurre in volgare*) to translate into the vernacular.

Z

zebra ['zi:brə], *s.* ① (*zool.*) zebra. ♦ *zebra crossing*, passaggio pedonale a strisce; (*fam.*) zebre.

zebra, s. ① (*zool.*) zebra. ② *pl.* (*fam.*) zebra crossing.

INDICE DELLE PAROLE ITALIANE

ballista → ballista
baracca → barracks
basamento → basement
bestia → beast
bestialità → bestiality
bianco → blank
bigotto → bigot
blando → bland
box → box
bravo → brave
bravura → bravura
brevetto → brevet
brigadiere → brigadier
brina → brine
burletta → burletta

cabina → cabin
calloso → callous
camera → camera
campione → champion
campo → campus
cancellare → to cancel
candeliere → chandelier
candido → candid
candito → candy
candore → candor
cantina → canteen
carattere → character
carosello → car(r)ousel
carriaggio → carriage
cartone → carton
casamento → casement
casco → cask
castoro → castor
casuale → casual
casualità → casualty
cattedra → cathedra
cattivo → captive
cauzione → caution
cava → cave
cavalcata → cavalcade
celebrare → to celebrate
cifra → cipher
clamoroso → clamorous
clessidra → clepsydra
climatico → climactic
coccodrillo → crocodile
cocomero → cucumber
collegio → college
coltivazione → cultivation
comandare → to commandeer
comma → comma
commettere → to commit

commissione → commission
commozione → commotion
commuovere → to commove
comodità → commodity
compasso → compass
compiacenza → complacence
complessione → complexion
compositore → compositor
comprensivo → comprehensive
compressa → compress
compunzione → compunction
concorrenza → concurrence
concorso → concourse
concussione → concussion
condimento → condiment
condizionatore → conditioner
conduttore → conductor
conferenza → conference
confetti → confetti
confezione → confection
confidenza → confidence
conflagrazione → conflagration
confondere → to confound
confrontare → to confront
congiurare → to conjure
congruo → congruous
connessione → connection
conoscente → cognoscente
conseguenza → consequence
consenso → consensus
conservativo → conservative
conservatorio → conservatory
considerato → considerate
consiglio → counsel
consistenza → consistency
contabilità → accountability
contatto → contact
contesto → contest
contrario → contrarious
contrattare → to contract
contrazione → contraption
contribuente → to contribute
controparte → counterpart
contumacia → contumacy
convenienza → convenience
convenzione → convention
conversazione → conversazione
conviviale → convivial
corallo → corral
coro → chorus
corporazione → corporation
coscienza → conscience
cospicuo → conspicuous

creatura → creature
credito → credit
critico → critical
crudo → crude
culturista → culturist
curriculum → curriculum

dama → dame
data → date
defalcare → to defalcate
defilare → to defile
definito → definite
deliberare → to deliberate
deludere → to delude
denominazione → denomination
denso → dense
dente → dent
derelitto → derelict
derogatorio → derogatory
desolato → desolate
destituzione → destitution
detergente → detergent
diamante → diamond
difettare → to defect
differenza → difference
diffidenza → diffidence
diffuso → diffuse
digerire → to digest
digitale → digital
dilapidare → to dilapidate
dipendente → dependency
direttamente → directly
direttore → director
disaffezione → disaffection
disciplinare → to discipline
disco → disco
discreto → discreet
discriminante → discriminating
disegnare → to design
disertare → to desert
disgrazia → disgrace
disgregare → to desegregate
dislocamento → dislocation
dislocazione → dislocation
disordine → disorder
disporre → to dispose
disposizione → disposition
disputa → dispute
disservizio → disservice
dissoluzione → dissolution
distendere → to distend
distratto → distracted
divertire → to divert

domandare → to demand
domesticare → to domesticate
domestico → domestic
dramma → drama
droga → drug
duomo → dome
duplex → duplex

eccezione → exception
eccitante → exciting
eccitato → excited
economico → economic
economo → economical
edificare → to edify
editore → editor
educare → to educate
effettivo → effective
egoismo → egoism
egregio → egregious
entità → entity
entrata → entry
equivocare → to equivocate
esaltato → exalted
esclusivo → exclusive
escoriare → to excoriate
esecutivo → executive
eseguire → to execute
esibizione → exhibition
esigente → exigent
esonerare → to exonerate
espediente → expedient
esporre → to expose
estensione → extension
estenuare → to extenuate
estremo → extreme
etichetta → etiquette
evadere → to evade
evasione → evasion
evasivo → evasive
eventuale → eventual
evidenza → evidence

fabbrica → fabric
fabbricare → to fabricate
facile → facile
facilità → facility
fagotto → faggot
familiare → familiar
fastidioso → fastidious
fatale → fatal
fatalità → fatality
fattoria → factory
favoloso → fabulous

favorito → favo(u)rite
fellonia → felony
festivo → festive
feudo → feud
filibustiere → filibuster
finale → final
finalità → finality
fine → fine
firma → firm
fisica → physic
flagrante → flagrant
fiorido → florid
fonte → font
forma → form
formidabile → formidable
fornire → to furnish
fornitura → furniture
fracasso → fracas
franchigia → franchise
frase → phrase
fresco → fresh
fuggitivo → fugitive
fumare → to fume
furioso → furious
furore → furor

gabinetto → cabinet
gaio → gay
galante → gallant
garbo → garb
gazzettiere → gazetteer
geniale → genial
genio → genius
gentile → genteel
ginnasio → gymnasium
gioco → joke
giovanile → juvenile
giusto → just
glorioso → glorious
graduato → graduate
grande → grand
gratuito → gratuitous
gregario → gregarious
grosso → gross
guardare → to guard
guardiano → guardian
guerriglia → guerrilla
gusto → gust

idealmente → ideally
idioma → idiom
idiosincrasia → idiosyncrasy
immateriale → immaterial

immodesto → immodest
impartire → to impart
impassibile → impassable
impedimento → impedimenta
impersonare → to impersonate
impervio → impervious
impiegato → employee
importo → import
imposizione → imposition
impraticabile → impracticable
impressionato → impressed
improprio → improper
inaccessibile → inaccessible
inalterabile → unalterable
inaugurare → to inaugurate
incensare → to incense
inchiesta → inquest
incidentale → incidental
incisore → incisor
incoerente → incoherent
incompetente → incompetent
inconsistente → inconsistent
incontro → encounter
inconveniente → inconvenient
indegnità → indignity
indifferente → indifferent
indiscrezione → indiscretion
indulgenza → indulgence
ineducato → uneducated
inetto → inept
infermo → infirm
infettivo → infectious
influente → influent
influenza → influence
influsso → influx
informatore → informer
ingegnere → engineer
ingenuità → ingenuity
ingranato → ingrained
ingrossare → to engross
innocenza → innocence
insegna → ensign
insensibile → insensible
intangibile → intangible
integrale → integral
intelligenza → intelligence
intenso → intense
intento → intent
interiore → innermost
interno → inner
interrogazione → interrogation
intimare → to intimate
intossicare → to intoxicate

intrattenere → to entertain
intricato → intricate
intrigante → intriguing
introduzione → introduction
invalutabile → invaluable
istruzione → instruction
italianizzare → italic

jolly → jolly

killer → killer

lampone → lampoon
languido → languid
lardo → lard
larghezza → largess(e)
largo → large
laureato → laureate
lavoro → labo(u)r
leale → loyal
letterato → literate
lettura → lecture
Liberty → liberty
libreria → library
liquor → liquor
liquore → liqueur
lirico → lyric
litigare → to litigate
litigioso → litigious
locale → locale
localizzare → to localize
locare → to locate
locazione → location
losanga → lozenge
lunatico → lunatic
lurido → lurid
lussuria → luxury
lussurioso → luxurious

maccheroni → macaroons
magazzino → magazine
maggiore → major
magnificare → to magnify
magro → meagre
maligno → malign
malizia → malice
mandato → mandate
mansarda → mansard
mansione → mansion
mantello → mantel
marina → marina
marmellata → marmalade
marrone → maroon

materia → matter
materiale → material
maternità → maternity
medicazione → medication
memoriale → memorial
meretricio → meretricious
miliardo → billion, milliard
mina → mine
minore → minor
miserabile → miserable
miseria → misery
misero → miser
mistero → mystery
mistificare → to mystify
moderato → moderate
modesto → modest
modestia → modesty
modico → modicum
moltiplicare → to moltiply
momentaneo → momentous
mondano → mundane
morale → morale
morbido → morbid
moroso → morose
mostarda → mustard
motorista → motorist
mutuo → mutual

naturalizzare → to naturalize
negoziare → to negotiate
nervo → nerve
nominare → to nominate
notazione → notation
notorio → notorious
novella → novel
nozione → notion
nubile → nubile

obitorio → obituary
occorrere → to occur
odissea → odyssey
offendere → to offend
oltraggioso → outrageous
omaggio → homage
onesto → honest
opuscolo → opuscule
oratorio → oratory
orchestra → orchestra
ordinario → ordinary
ornato → ornate
oscuro → obscure
ospizio → hospice
osservante → observant

ostensibile → ostensible
ostrica → ostrich

paletta → palette
paraffina → paraffin
paragone → paragon
parcella → parcel
parente → parent
parola → parole
parrocchiale → parochial
parsimonioso → parsimonious
particolare → particular
partire → to part
patente → patent
patrono → patron
pavimento → pavement
peculiare → peculiar
pentagramma → pentagram
penuria → penury
perfidia → perfidy
periodo → period
perverso → perverse
pervertire → to pervert
peste → pest
petrolio → petrol
petulante → petulant
piattaforma → platform
pirata → pirate
poema → poem
popolare → popular
portafoglio → portfolio
portento → portent
portiere → porter
positivo → positive
possibilmente → possibly
predecessore → predecessor
predicare → to predicate
premio → premium
preoccupato → preoccupied
preparato → prepared
prepotente → prepotent
presentazione → presentation
presentemente → presently
preservare → to preserve
preservativo → preservative
presidente → president
pretendere → to pretend
prevaricare → to prevaricate
principale → principal
privato → private
processare → to process
profano → profane
professore → professor

prominente → prominent
promulgare → to promulgate
pronunciare → to pronounce
propagare → to propagate
proponente → proponent
proposizione → proposition
proprietà → propriety
proprio → proper
prospetto → prospect
provare → to prove
provincia → province
pubblicista → publicist
pugnace → pugnacious
pulire → to polish
puntiglioso → punctilious
puntura → puncture
pupilla → pupil
pupillo → pupil

querela → quarrel
questione → question
quotazione → quotation

racchetta → racket
raccomandazione → recommendation
rallentare → to relent
rampante → rampant
rapina → rapine
rapporto → rapport
raro → rare
rauco → raucous
realizzare → to realize
recensione → recension
recipiente → recipient
reclamare → to reclaim
regalia → regalia
registrare → to register
regolare → regular
relativo → relative
relazione → relation
relegare → to relegate
reliquia → relic
replica → replica
replicare → to replicate
responso → response
restituzione → restitution
resto → rest
retribuzione → retribution
rettore → rector
ribaldo → ribald
ricordo → record
ricorrenza → recurrence
ricoverare → to recover

riferire → to refer
rifiutare → to refute
riguardo → regard
rilevante → relevant
rinfrescare → to refresh
riottoso → riotous
riparare → repair
riportare → to report
riprovare → to reprove
ripugnante → repugnant
riservare → to reserve
risoluzione → resolution
ristorazione → restoration
ritagliare → to retaliate
ritenere → to retain
ritirare → to retire
ritorno → return
romanesco → Romanesque
romanziere → romancer
romanzo → romance
rosario → rosary
rottura → rupture
roulotte → caravan
rude → rude
ruffiano → ruffian
rumore → rumour

salario → salary
salvare → to salve
sanguigno → sanguine
sanità → sanity
sano → sane
santuario → sanctuary
saturnino → saturnine
scala → scale
scalatore → escalator
scaldare → to scald
scalpello → scalpel
scandalo → scandal
scappata → escapade
scarsamente → scarcely
scolaro → scholar
sconforto → discomfort
scopo → scope
scorta → escort
scrutinare → to scrutinize
scrutinio → scrutiny
semaforo → semaphore
seminale → seminal
seminario → seminar
senile → senile
sensazionale → sensational
sensibile → sensible

sensitivo → sensitive
sentenza → sentence
sentimento → sentiment
servire → to serve
servizievole → serviceable
servo → servant
severo → severe
sicofante → sycophant
simpatia → sympathy
simpatico → sympathetic
simpatizzare → to sympathize
sindacalismo → syndicalism
sindacare → to syndicate
sindacato → syndicate
sindaco → syndic
soave → suave
sobrio → sober
solido → solid
sollazzo → solace
solvente → solvent
sonoro → sonorous
sopportare → to support
sostantivo → substantive
sostanziale → substantial
sostituto → substitute
sottoscrivere → to subscribe
spada → spade
sparso → sparse
specifico → specific
speculare → to speculate
spedizione → expedition
spettacolo → spectacle
spettro → spectrum
spirito → spirit
spiritoso → spiritous
spiritualismo → spiritualism
squallido → squalid
squisito → exquisite
stabilire → to establish
stampa → stamp
statale → stately
stilista → stylist
stipulare → to stipulate
stolido → stolid
stomaco → stomach
straniero → stranger
stravagante → extravagant
stretto → strict
stupefare → to stupefy
stupendo → stupendous
stupore → stupor
succedere → to succeed
sufficienza → sufficiency

INDICE

Finito di stampare nel mese di settembre 1990 da Litotre - Milano